भीगे पंखों की उड़ान

(उपन्यास)

ਨਾਟਕ ਕਿ ਜ਼ਿੰਦਗੀ

(ਨਾਟਕ)

भीगे पंखों की उड़ान

अनीता कथूरिया

हिन्द युग्म

ISBN : 978-93-92820-81-6

प्रकाशक:
हिंद युग्म
सी-31, सेक्टर-20, नोएडा (उ.प्र.)-201301
फ़ोन- +91-120-4374046

मुद्रक : मनीपाल टेक्नोलॉजीज लिमिटेड
कला-निर्देशन : विजेन्द्र एस विज

पहला संस्करण : 2023
मूल्य : ₹199

Bheege Pankhon Ki Udaan
A novel by *Anita Kathuria*

Published By
Hind Yugm
C-31, Sector-20, Noida (UP)-201301
Phone : +91-120-4374046
Email : sampadak@hindyugm.com
Website : www.hindyugm.com

First Edition: 2023
Price: ₹199

यह उपन्यास समर्पित है उन योद्धाओं को,
जिन्होंने भयावह बीमारियों से लड़ते हुए जीवन की जंग जीती है
और उनको भी,
जो अंत समय तक लड़े लेकिन हार गए।
उनमें मेरे अपने भी थे जिन्होंने बहादुरी से कैंसर जैसे रोग के साथ
मुक़ाबला किया और हिम्मत नहीं हारे।
आज वे हमारे बीच नहीं हैं, परंतु हृदयपटल पर आज भी जीवंत हैं
और सदैव रहेंगे।

वह लकड़ी के शानदार फ्रेम में क़ैद मुस्करा रही है। एक लापरवाह-सी फ़ोटो है। न साड़ी का पल्लू सँवारा गया और न ही बाल। परंतु चेहरा चमक रहा है– एकदम जीवंत चेहरा। आँखों में कोई प्रश्न नहीं, कोई जिज्ञासा नहीं। लेकिन कई दिनों से फ्रेम भुरभुरा रहा है। उसकी ख़ूबसूरत सफ़ेद पॉलिश फीकी पड़ गई है। कहीं-कहीं से तो पॉलिश के नीचे का कालापन साफ़ झलकने लगा है। कई बार लगता है वो फ्रेम से बाहर निकलने के लिए छटपटा रही है।

उसके पास तर्क थे, आदर्श थे और थी अपने पिता की शिक्षा, जिसको उम्र भर अपनी बंद मुट्ठी से फिसलने नहीं दिया। यह अलग बात है कि अपनों ने कई बार उसकी बंद मुट्ठी खोलने की कोशिश की है और इस कोशिश में उसके न चाहते हुए भी बहुत कुछ मुट्ठी से फिसल ही गया था। वह सब खोने का ग़म था जो रोग बनकर उसकी आत्मा से चिपट गया था और धीरे-धीरे उसके शरीर को दीमक की तरह खोखला करता गया था। पर उसकी यह दलील सबको बेसिर-पैर जैसी लगती। सब अपने थे तभी तो शायद किसी औपचारिकता की आवश्यकता नहीं समझी।

उसके आस-पास सैकड़ों लम्हे बिखरे हुए हैं। छोटे-बड़े सुख के, दुख के, प्रीति के, नफ़रत के और समर्पण के लम्हे। आज उसका मन किसी भी लम्हे को चुनने का नहीं है। पता नहीं मन को क्या हो गया है! लगता है मर गया है। जब मन जीवित था तो चाहिए थे कुछ लम्हे, जिनके साथ वो जी सके, हँस सके और खिलखिला सके।

लेकिन हैरान है– वह तो जीवित है! वह बेचैन है। मन एहसास के गहरे समंदर में डूब गया है। फिर कोई है भी तो नहीं जो इन्हें समेटकर सजाने-सँवारने का काम कर सके। इसलिए तो ये कमज़ोर होती हथेलियों से फिसलते जा रहे हैं। वह हैरान है, दूर-दूर तक फैले मरुस्थल में आज क़दमों के निशान दिखाई नहीं दे रहे हैं जिन पर चलकर वह नित नई मंज़िल की तलाश में निकल पड़ती थी। सफ़र के इस नीरस पड़ाव पर मानो सब कुछ रुक-सा गया है। सब कुछ होते हुए ये उदासी, नीरसता, वीरानगी!

अर्णिमा के पास कहने को कुछ भी नहीं बचा। शब्द ख़त्म हो गए हैं। उसे आज ही पता चला कि शब्दों को भी सहेजकर रखना पड़ता है वरना हवा का एक झोंका भी उन्हें इधर-उधर इतनी दूर तक बिखेर देता है कि उन्हें पकड़ पाना भी मुश्किल हो जाता है। अपने आस-पास बचे-खुचे कुछ शब्दों को पकड़ना चाहा परंतु वे भी मुट्ठी से रेत की तरह फिसलकर गिर गए। सास की आँखों में देखा। लहराते समंदर में उठती-गिरती लहरें अब किनारों पर आकर अपना सिर भी नहीं पटक रही हैं। शायद अब वो समंदर की गहराई को नापने का प्रयास कर रही हैं।

आज शाम से बार-बार मुँह से ख़ून आ रहा है। ख़ून आता है तो माताजी का शरीर सूखे पत्ते-सा काँपने लगता है। उनकी निस्तेज आँखें थकान के कारण मुँद जाती हैं। निढाल बदन बिस्तर पर फैल जाता है। ॐ शब्द का उच्चारण मानो किसी गहरे कुएँ से आता प्रतीत होता है- जो गहरा तो है मगर उसमें पानी नहीं है। उनकी यह हालत देखकर सब परेशान तो हैं पर निराश नहीं। स्वयं माताजी भी नहीं।

अर्णिमा ने रुमाल के उघड़ते एक कोने से निकले धागे को गाँठ मार दी है। कमरे से बाहर आकर उसने आँसुओं को पोंछा। घर में व्याप्त अनजाना-सा सन्नाटा भयावह लगने लगा है। अभी थोड़ी देर पहले यह निर्णय लिया गया है कि कल सुबह माताजी को इलाज के लिए दिल्ली ले

जाया जाएगा। माताजी ने संकेत से पति को मना किया था, परंतु बेटे की ज़िद थी। वैसे भी उसके अनुसार माँ की बीमारी शहर के डॉक्टरों के बस से बाहर हो चुकी थी।

अर्णिमा अपने कमरे में आकर फूट-फूटकर रो पड़ी है। साहस जवाब दे गया है। सफ़र की तैयारी करनी है। बड़ी बहू होने के नाते उसे सास के साथ जाना है। समझ नहीं आता कहाँ से शुरू किया जाए। कमरे में फ़ुल स्पीड पर चलते पंखे की हवा से दीवारों से टकराते कैलेंडर में रहने वाले नन्हे सूँड वाले गणेश जी, पेड़-पौधे और पहाड़ों पर गहराते बादल भी अनजाने ख़ौफ़ से जूझ रहे हैं, पर सब जाग रहे हैं।

समझ नहीं आ रहा कहाँ से शुरू करे! हमेशा सलीक़े से कपड़े पहनने वाली सास की अलमारी खोली तो अर्णिमा की नज़र सबसे पहले बदामी सिल्क की साड़ी पर पड़ी। कुछ दिन पहले करवाचौथ पर उसने उन्हें उपहार में दी थी। काफ़ी ज़िद करने पर भी उन्होंने उसका ब्लाउज नहीं बनवाया था। ज़िंदगी रही तो अगले साल पहनूँगी– यह कहकर अलमारी में सहेज दी थी।

घर में सलवार-क़मीज़ पहनने वाली मायादेवी घर से बाहर जाते समय साड़ी ही पहनती हैं, चाहे तबीयत कितनी भी ख़राब क्यों न हो। अर्णिमा सोच रही है– सूट रखे या साड़ी। वह तय नहीं कर पा रही है। जैसे-तैसे उसने एक बड़े ब्रीफ़केस में कपड़े भरना शुरू कर दिया है।

मायादेवी भयानक स्वप्न देख रही हैं। एक मोटा-सा काला भुजंग आदमी घर का दरवाज़ा ज़ोर-ज़ोर से पीट रहा है। घर में उनके अतिरिक्त और कोई नहीं है। वह डर के कारण दरवाज़ा नहीं खोलतीं लेकिन दरवाज़े पर निरंतर दस्तक हो रही है। लगता है दरवाज़ा टूटकर गिर जाएगा। उस काले आदमी की बड़ी-बड़ी भयनक लाल आँखों से लपटें निकल रही हैं। उन्हें लग रहा है यदि कुछ देर और इस स्वप्न में रहतीं तो निश्चित तौर पर दरवाज़ा टूट जाता और उस आदमी के मुँह से निकलती लपटें

उन्हें भस्म कर देतीं। छोटी बहन का जलकर कोयला बना शरीर आज भी उनकी आँखों में तैर जाता है। डरकर मायादेवी ने आँखें खोल दी हैं। साथ वाले पलंग पर पति सो रहे हैं। कमरे के व्याप्त अँधेरे में दीवार घड़ी की टिक-टिक करती सुइयाँ चमक रही हैं। फ़ुल स्पीड पर घूमते पंखे की तेज़ हवा से सामने दीवार पर लगे कैलेंडर के पन्ने उठ-गिर रहे हैं, गला सूख रहा है। पति को आवाज़ देने ही वाली थीं कि बिस्तर के पास रखे स्टूल पर पानी का गिलास नज़र आ गया। अर्णिमा रात को सोने से पहले दवाई और पानी स्टूल पर रख देती है।

अब पानी भी अच्छा नहीं लगता। खाना-पीना तो लगभग छूट ही गया है। अच्छा-ख़ासा शरीर हड्डियों का ढाँचा बनकर रह गया है। दो साल पहले ख़ून की उल्टी हुई थी। डॉक्टर ने कहा था पेट में अल्सर फट गए हैं। लगातार दर्द की दवा खाने से इस तरह के अल्सर बन जाते हैं। चार दिन अस्पताल में रहकर मायादेवी घर आ गई थीं। परंतु उसके बाद से उनका वज़न लगातार घट रहा था। डॉक्टर बीमारी समझ नहीं पा रहे थे। टीवी पर स्वास्थ्य संबंधी कार्यकम देखने वाली मायादेवी को यह वहम है कि लगातार बेवजह वज़न घटना और भूख का कम होना कैंसर के लक्षण हैं। इस आशंका से अवगत करवाने पर सब उन्हें चुप करा देते। सब का मानना था शायद बढ़ती उम्र वज़न घटने का कारण हो सकता है। वैसे मायादेवी भी किसी बीमारी से नहीं डरती हैं और न ही उन्हें मौत से डर लगता है। वह तो बस यही चाहती हैं कि जब तक जीवित हैं शरीर चलता रहे।

कैलेंडर पर गहरे चटकीले रंगों वाले चित्र बने हैं। चित्र अँधेरे में चमक रहे हैं। पन्नों के उठने-गिरने से चित्र आपस में गड्डमड्ड हो रहे हैं। अस्पष्ट-सा आभास है। फल-फूल, पेड़-पौधे, ऊँचे पहाड़ों से निकलती नदी। कलकल बहती नदी में तैरती एक नाव। नाव में बैठी चार आकृतियाँ। दो नाव खेती हुईं, दो खिलखिलाती हुईं। नदी के किनारे एक छोटा-सा घर है। घर में बस एक दरवाज़ा और खिड़की है। घर से बाहर जाने वाला रास्ता तो बना है, पर दरवाज़ा बंद है। रास्ते के दोनों ओर हरियाली है। रास्ते फूलों की क्यारियों से महक रहे हैं। पहाड़ों के ऊपर बादलों के टुकड़ों के साथ उड़ते पंछी।

मायादेवी को सदा लगता था कि पंछी उड़ते हुए नीचे आ रहे हैं। शायद पेड़ पर या छत पर अपना घोंसला बनाएँगे। परंतु कई दिनों से पंछी आकाश की अनंत ऊँचाई पर उड़ते हुए दिखाई दे रहे हैं। घड़ी ने बारह घंटे बजा दिए हैं। रेडियम वाली दोनों सुइयाँ इस समय एक हो गई हैं। मायादेवी के मस्तिष्क में आचार्य श्री द्वारा कही हुई एक बात उभर रही है– विवाह के समय पति-पत्नी दो जिस्म होते हुए भी एक जान बन जाते हैं। परंतु समय के साथ घंटे वाली सुई मिनट वाली सुई के वापस आने की प्रतीक्षा करती रह जाती है।

सुबह दिल्ली जाना है चेकअप के लिए। सुबह जल्दी उठना पड़ेगा। पता नहीं अर्णिमा ने सूटकेस में कौन-से कपड़े रखे होंगे। आज ही ड्रमों में गेहूँ भरवाए थे, कहीं ढक्कन लगाना भूल न गई हो। दवाई भी रखनी

है। अर्णिमा भूल जाती है, पिछले साल गेहूँ में दवाई रखना भूल गई थी। घुन लग गए थे। पति के खर्राटों की आवाज़ भी नहीं आ रही है, लगता है आज जाग रहे हैं। वह उनसे बात करना चाहती हैं पर शरीर जवाब दे रहा है, आँखें बंद हो रही हैं।

सुबह के चार बज चुके हैं। सारा सामान गाड़ी में रखा जा चुका है। उनकी ज़िद है नहाकर जाएँगी। अर्णिमा बाथरूम के बाहर उनका इंतज़ार कर रही है। उसे चिंता सता रही है कहीं चक्कर आने की वजह से बाथरूम में गिर न जाएँ। आजकल कमज़ोरी की वजह से बहुत ज़्यादा थक जाती हैं और चक्कर आने शुरू हो जाते हैं। वह लड़खड़ाती मायादेवी की साड़ी बाँधने में मदद करना चाहती है। परंतु उन्होंने हाथ के इशारे से मना कर दिया। पति का सहारा लेकर उतरते हुए मायादेवी को लग रहा है सीढ़ी केवल नीचे उतरने के लिए ही बनी है। कार में बैठने से पूर्व घर की ओर नज़र भर देखना चाहती हैं। घर के बाहर लटकता ॐ स्पष्ट दिखाई दे रहा है। रंग-बिरंगे शीशों पर बना ॐ अमर देव जी बेंगलुरु से लाए थे। मायादेवी को गर्व है कि इतना सुंदर ॐ और किसी के पास नहीं है। मना करने के बावजूद दोनों बच्चे उठ गए हैं और अधखुली आँखों को मलते हुए दादी को हाथ हिलाकर विदा कर रहे हैं। जाने क्यों मायादेवी का मन भर आया है।

दरवाज़े के पास जमा कूड़े के ढेर को देखकर अर्णिमा को कुछ कहना चाहा, पर पड़ोस में रहने वाले सहदेव जी को देखकर चुप रह गईं। सहदेव जी को सुबह की सैर पर जाने की आदत है।

"नमस्ते भाभी जी, कहाँ जाने की तैयारी है ?" सहदेव जी के प्रश्न के उत्तर में मायादेवी की आँखों में पलभर के लिए चमक उभरी है और फिर बुझ गई है। अमर देव जी सहदेव जी को एक ओर ले गए हैं। उनकी बात सुनकर सहदेव जी का उत्साह से भरा चेहरा अचानक बूढ़ा लगने लगा है। पड़ोसी लंबे समय से बिस्तर पर है और पता ही नहीं चला! गहरी

आत्मग्लानि से भरे सहदेव जी भरे मन से मॉर्निंग वॉक को चल दिए।

आज उनके क़दम नहीं उठ रहे हैं। मायादेवी उनके पुराने पड़ोसी की पत्नी ही नहीं, आर्य समाज की कर्मठ कार्यकर्ता भी हैं। इस पिछड़े इलाक़े में जब उन्होंने आर्य समाज और स्कूल की स्थापना की उस समय उनका उत्साह और लगन देखते ही बनती थी। पति और बच्चों का भी इसमें भरपूर सहयोग मिला। स्वयं उनका आर्य विचारधारा को साकार करने का स्वप्न भी आर्य समाज में ही पूर्ण हो गया था। समय-समय पर उत्पन्न विवादों को सुलझाने में मायादेवी की भागीदारी की हर कोई सराहना करता है।

कार स्टार्ट होने पर मायादेवी ने घर को नज़र भरकर देखा है। प्रवेश द्वार पर लगा बड़ा-सा रंगीन ॐ थोड़ा-सा टेढ़ा हो गया है। वापस लौटकर सीधा करवाना पड़ेगा।

सूरज निकलने की तैयारी में है। पंछी अपने-अपने घोंसलों से निकलकर अलसाए-से आकाश में उड़ने के लिए अपने पंख फड़फड़ाने लगे हैं। परंतु चहचहाहट मौन है। पता नहीं, या तो उन्होंने चहचहाना बंद कर दिया है या उगते सूरज के साथ दुनिया का शोर बढ़ गया है।

कार एक झटके के साथ रुक गई है। ऊँघती हुई अर्णिमा ने आँखें मलते हुए बाहर देखा। सामने रेलवे स्टेशन का फाटक है। फाटक बंद है। किसी गाड़ी के गुज़रने का सिग्नल हो चुका है। दिन पूरी तरह से उग चुका है। फाटक के दोनों ओर भीड़ बढ़ती जा रही है। ताँगे और रिक्शे में बैठे बच्चे खिलखिलाकर हँस रहे हैं। इस बात से बेख़बर कि देर से फाटक खुलने पर स्कूल पहुँचने में देरी हो जाएगी। हर तरह की सज़ा भुगतने को तैयार रहते हैं, वो भी हँसते-हँसते। सुबह देर से उठने पर माँ की डाँट या फिर होमवर्क न करने पर टीचर का दोनों हाथ ऊपर करके बेंच पर खड़ा कर देना। चाहे कितने भी बच्चे क्यों न हों रिक्शा या ताँगे में अपने बैठने के लिए जगह बनाने में उन्हें कोई परेशानी नहीं होती। बच्चे अपने आस-पास बढ़ती भीड़ से बेख़बर अठखेलियाँ कर रहे हैं।

बच्चों के लिए उदास अर्णिमा दूसरी तरफ़ देखने लगी है! जहाँ पर अभी-अभी एक मदारी दो छोटे बंदरों को साइकिल पर बैठाकर लाया है! बच्चे और छोटी सी भीड़ छोटे बंदरो की मासूमियत भरी नोक झोंक देखने में व्यस्त हो गए है । लोगों को देखकर नहीं लगता कि उन्हें अपने काम पर जाने की जल्दी है।

ट्रेन कब गुज़र गई पता ही नहीं चला। फाटक खुलते ही आने-जाने वालों की एक-दूसरे से आगे निकलने की होड़ शुरू हो गई। मदारी कूदकर साइकिल पर बैठ गया। बंदर तमाशा बंद करके मदारी से चिपक गया है। मदारी ख़ुश है, लोगों ने ख़ुश होकर कुछ पैसे उसे दिए हैं। जाप करने वाली माला माताजी के हाथ से छूटकर नीचे गिर गई है। अमित घड़ी देख रहा है। ड्राइवर को गाड़ी तेज़ चलाने के लिए कहकर जाप करने वाली माला उठाने के लिए झुक गया है।

शहर से बाहर निकलते ही सड़क के दोनों ओर पेड़ों का क़ाफ़िला शुरू हो गया है। पेड़ सरकारी हैं। उनके ऊपर नंबर खुदे हुए हैं। मोटे तने वाले बड़े-बड़े घने छायादार पेड़। कहते हैं तने की मोटाई से उसकी आयु का पता चलता है। उसके लिए उसे गोलाई में काटना पड़ता है। जहाँ पेड़ अधिक हैं वहाँ अँधेरा है। पेड़ सूरज की रोशनी को सड़क तक पहुँचने से रोकते हैं। कहीं-कहीं तो पेड़ों का झुरमुट बना हुआ है, पेड़ इतने पास-पास हैं कि हवा के चलने से आपस में टकराते हैं और उनकी टहनियाँ टूट-टूटकर सड़क पर गिरती रहती हैं।

कम पत्तों वाले पेड़ों में से झाँकते सूरज की आँख-मिचौनी अच्छी नहीं लग रही। उस समय सूरज कितने रंग बदलता है। अमित को बदलते रंगों से नफ़रत है। धूप से बचने के लिए उसने आँखों पर चश्मा लगा लिया। दूर-दूर तक फैले खेतों में धान काटते किसान, पानी उगलते ट्यूबवेल, धप-धप करते ट्रैक्टर की छाती पर बैठे लोग उस बालक की भाँति लग रहे हैं जो अपनी माँ से किसी मनपसंद वस्तु के लिए हठ कर रहा हो।

माताजी की बीमारी से मन दुखी है। बचपन से ही पिताजी की अपेक्षा माताजी से ज़्यादा लगाव रहा है। सिगरेट पीने की इच्छा हो रही है। पर माताजी के सामने कभी नहीं पी। मन हुआ गाड़ी रुकवाकर सिगरेट पी ले, परंतु दिल्ली जल्दी पहुँचना है। पीछे मुड़कर सीट पर अधलेटी माताजी को देखा है। पीला मुरझाया चेहरा, माथे पर झूलती सफ़ेद बालों की लट, लेकिन साड़ी के पल्ले को उन्होंने आपस में लिपटे अपने दोनों बाज़ू से अच्छी तरह से समेट रखा है। दूर-दूर तक फैली सड़क पर गाड़ी मानो फिसल रही है। सामने एक मोटे तने वाला पेड़ टूटकर सड़क पर गिरा हुआ है। रात को तेज़ आँधी आई थी। खिड़कियों के शीशे बंद हैं। घुटन बढ़ गई है। अपने बग़ल वाली खिड़की का शीशा खोलकर अच्छा लग रहा है। पेड़ों से छनकर आती हवा के ठंडे झोंके छेड़ख़ानी करने लगे हैं। नन्ही-सी मासूम माया हवा के इन चंचल झोंकों के साथ खेलने लगी है। वो हैरान हैं उसको देखकर। उनके हिसाब से मासूम माया मरकर देवी बन चुकी थी। मासूम मायादेवी को चलती कार से बाहर निकालकर अपने साथ ले आई है। हवा के झोंकों पर सवार होकर दोनों उड़ चली हैं।

पहाड़ों से घिरे हुए सुंदर शहर में उसका बड़ा-सा हवेलीनुमा घर। माया स्कूल जाना नहीं चाहती। छत पर से उड़ती कटती पतंगों को निहारना, भाई की चरखड़ी को घंटों धूप में थामे रहना किताब पढ़ने से ज़्यादा आसान लगता। एक दिन पहाड़े न सुनाने पर मास्टर जी ने कीकर की पतली-सी डंडी से हाथ पर मारा था। हाथ सूज गया था। डर और ग़ुस्से से बुख़ार ही चढ़ गया था। उसी दिन माया ने ठान लिया था कि आज के बाद वह स्कूल नहीं जाएगी। पिताजी ने बहुत डाँटा था। बीमार रहने की वजह से हाथ नहीं उठाया था बस। बड़ी बहन ने पिताजी की हिमायत की थी। वीर जी ने छोटी लाड़ली बहन का साथ देकर बड़ा भाई होने का फ़र्ज़ निभाया था। 'लड़कियों ने पढ़-लिखकर कौन-सी नौकरी करनी है! लिखना-पढ़ना सीख लिया यही बहुत है।'

बड़े भाई के स्कूल जाने के बाद वह सारा दिन गली में बच्चों के साथ स्टापू और छुपन-छुपाई खेलती। कभी-कभी माँ के काम में हाथ बँटा देती। माँ भी तो उससे ज़्यादा काम लेने से डरती थी। उसके बड़बड़ाने से माया को ज़्यादा फ़र्क़ नहीं पड़ता था। जाने कैसी नाज़ुक लड़की पैदा हुई है। गली वाले वैद्य जी कहते हैं– "कुछ नहीं हुआ इसे। डाँटने से भी कभी किसी को बुख़ार हुआ है क्या! भाई ने सिर चढ़ा रखा है।"

माया को तितलियों से बहुत प्यार है। उनके रंग-बिरंगे पंख उसे अच्छे लगते हैं। वैसे ही रंगों के कपड़े चाहिए उसे। अपनी कपड़ों की दुकान पर कपड़ों के नए थान आते रहते हैं। माया उनमें से तितलियों के पंखों वाले रंग खोजने लगती। उसका मानना है कि तितलियों का ठिकाना तो बाग़ों में होता है। फूलों और पौधों पर बैठती हैं। कभी कोई उड़ती हुई तितली घर में घुसकर किसी दीवार पर बैठती है तो उसे पकड़ पिछवाड़े वाली क्यारी में छोड़ आती है। तितली के पंखों के रंग फूलों पर बैठकर और गहरे चटख हो जाते हैं।

माया गाती है, गुनगुनाती है, गली के बच्चों के साथ खेलती है, खिलखिलाती है। मिट्टी के घर बनाती है और साथियों से लड़ाई हो जाने पर ग़ुस्से में तोड़ भी देती है। समझौता उसे मंज़ूर नहीं। हारकर रोना उसे अच्छा नहीं लगता। हारकर रोने के ख़िलाफ़ तो पिताजी भी हैं। उनका कहना है कि अपने सिद्धांतों पर निर्भीक होकर चलो। अपने उसूलों का पालन करने के लिए कोई भी क़ीमत चुकाने से पीछे मत हटो। उन्होंने भी अपने जीवन में कुछ नियमों का पालन करने का निर्णय लिया। और नियमों को तोड़ना उन्हें बिल्कुल पसंद नहीं है। उनका मानना है कि अनुशासन का पालन करने वाले ही अपने कर्तव्य का भली-भाँति पालन कर सकते हैं। 'हम सुधरेंगे जग सुधरेगा' का नारा अक्सर सामाजिक मंचों पर दिया करते हैं। समाज में पिताजी का बहुत सम्मान है। उनका उदाहरण दिया जाता है।

माया भी अनुशासन में रहना चाहती है। सुबह पिताजी के साथ सैर पर

जाती है। पिताजी के देशभक्ति से ओतप्रोत गीतों को उनके संग दोहराती है तो पिताजी भावविभोर हो जाते हैं। उनकी स्नेह-सिक्त दृष्टि मानो माया को ख़ुशियों से ओत-प्रोत कर देती है। एक अनोखे आत्मविश्वास से भर देती है। पिताजी की उँगली पकड़कर चलती है। काफ़ी मन होता है तेज़ दौड़ने का पर उसके लिए पिताजी की उँगली छोड़नी पड़ेगी। माया को लगता है कि उँगली छोड़ते ही वह खो जाएगी।

प्रात:काल कहीं दूर मानो धरती और आकाश आपस में मिल रहे हैं। उस ओर इशारा करके पिताजी से पूछती है– "मैं वहाँ तक कब जाऊँगी?" इस पर पिताजी हँसते हुए कहते हैं– "जब मेरे से भी बड़ी हो जाएगी तब।"

मायादेवी दूर जाती माया को देख रही हैं। सत्तर साल हो गए हैं अभी तक उस छोर तक नहीं पहुँच पाई। दिन चढ़ गया है। भीड़ बढ़ती ही जा रही है, लगता है भीड़ में से भीड़ पैदा हो रही है। माया फँस गई है। बाहर निकलने का कोई रास्ता नज़र नहीं आता। भीड़ बढ़ने का सिलसिला कब तक थमेगा पता नहीं। अँगड़ाई लेता हुआ, आकाश में घूमता सूरज अचानक गहरे बादलों में गुम हो गया है। साथ में चलते पेड़ पीछे छूटते जा रहे हैं।

दिल्ली पहुँचने तक धूप बहुत तेज़ हो गई है। गाड़ी रेड लाइट पर खड़ी है। बिकने और बेचने वालों का लुका-छुपी वाला खेल जारी है। दाहिनी तरफ़ मैदान में एक जैसे चेहरों वाली भीड़ बैठी है। एक नेता मंच पर भाषण दे रहा है। सबकी आँखों पर काले रंग के चश्मे चढ़े हुए हैं। भीड़ हाथ उठाकर नारे लगा रही है। परंतु नेता और भीड़, दोनों एक-दूसरे को न तो देख पा रहे हैं और न ही सुन पा रहे हैं। लगता है सब ने कानों में रुई ठूँस रखी है। मैदान के दूसरे छोर पर बच्चे क्रिकेट खेल रहे हैं। जब कोई खिलाड़ी आउट होता है तो विरोधी टीम शोर मचाकर अपनी ख़ुशी ज़ाहिर करती है और आउट होने वाला खिलाड़ी मायूसी से अपना बैट ज़मीन पर पटकता हुआ मैदान से बाहर जाकर दर्शकों में शामिल हो जाता है। अचानक एक खिलाड़ी ने बेहतरीन शॉट मारा है, गेंद भीड़ में गुम हो गई है। बच्चे अंधी-बहरी भीड़ के बीच जाकर अपनी गेंद ढूँढ़ रहे हैं। पर कोई उनका सहयोग नहीं कर रहा। अर्णिमा ने देखा भीड़ के नीचे वाली ज़मीन धँस रही है। वह भीड़ को चेताना चाहती है पर हरी बत्ती जल गई है। और ड्राइवर ने एक झटके से गाड़ी स्टार्ट कर दी है।

डॉक्टर ने माताजी का चेकअप करके इमरजेंसी में दाख़िल कर लिया है। अगले दिन सुबह ख़ाली पेट एंडोस्कोपी होगी। प्राइवेट वार्ड में एक कमरा मिल गया है। माताजी बेड पर लेट गई हैं। बेहद थक चुकी हैं। अर्णिमा सामान की सेटिंग करने में व्यस्त हो गई है। कमरे के कोने में एक छोटी-सी खिड़की है। अर्णिमा ने साथ लाए छोटे-से गैस चूल्हे पर

चाय चढ़ा दी है। माताजी के लिए संतरा छीला जाने लगा है। संतरे की हर एक फाँक में अपना एक अलग संसार है पर किसी तरीक़े से एक-दूसरे के साथ जुड़ी रहती है। एक छिलके में बंद इन फाँकों को एक-दूसरे से अलग करना पड़ता है। उनके ऊपर चिपके बारीक रेशे उघाड़ने पड़ते हैं।

कमरा एकदम साफ़-सुथरा है। ख़ाली-ख़ाली सा। एक दीवार के साथ मरीज़ का बेड और दूसरी दीवार के साथ दीवान टाइप सोफ़ा जिस पर सामान्य क़द-काठी का व्यक्ति आराम से सो सकता है। माताजी के बेड के साथ बड़ी-सी खिड़की है जिसके निचले आधे हिस्से में सफ़ेद झीना-सा परदा लगा है। ऊपर वाला हिस्सा खुला है। खिड़की के बाहर लगी जाली से बाहर तो देखा जा सकता है परंतु बाहर से अंदर देख पाना तभी संभव है जब बाहर अँधेरा हो और कमरे में लाइट जली हो। छत पर लटके पंखे की पंखुड़ियाँ कुछ ज़्यादा ही बड़ी हैं जो धीमी स्पीड से घूम रही हैं।

माताजी की बीमारी का पता लगाने के लिए टेस्ट शुरू हो गए हैं। नर्स बाज़ू में से ख़ून निकालने के लिए मुट्ठी बंद करने को कह रही है। पर माताजी के अंदर मुट्ठी बंद करने की हिम्मत नहीं है। नर्स माताजी को ऐसे बहला रही है जैसे किसी ज़िद्दी बच्चे से कोई क़ीमती वस्तु वापस लेनी है। अमित कमरे में आया तो हाथ में ढेर सारी दवाइयों से भरा लिफ़ाफ़ा था। अर्णिमा उन्हें सही से रखने के लिए लिफ़ाफ़े से बाहर निकाल रही है। माताजी को चिंता है कि बेटा थक गया होगा। अमित को थोड़ी देर आराम करने की सलाह दी है। कमरे में हल्के-हल्के खर्राटे गूँजने लगे हैं। अर्णिमा भी ज़मीन पर चटाई बिछाकर लेटना चाहती है। कमर बहुत दुख रही है।

डॉक्टरों की टीम को कमरे में आते देखकर मायादेवी ने आँखें खोल दी हैं। उनकी आँखों की चमक बढ़ गई है। पहले ब्लड प्रेशर और फिर छाती और पेट का चेकअप कर रहे हैं। साथ में खड़ी नर्स सब नोट कर रही है। मायादेवी कुछ कहना चाहती हैं, परंतु डॉक्टर ने इशारे से मना कर दिया है। वह सब कुछ बता देना चाहती है, बीमारी से जुड़ी छोटी-से-छोटी बात भी।

चेकअप के बाद अब डॉक्टर उनकी बात ध्यान से सुन रहे हैं। अमित और अर्णिमा ने आज बहुत दिन बाद माताजी को इतना अधिक और खुलकर बोलते देखा है। माताजी के चेहरे पर आ रहे उतार-चढ़ाव देखने लायक़ हैं। बार-बार अपना पल्लू समेटती हैं। अपने बिखरे बाल सँवारती हैं। अमित ने धीरे से अर्णिमा के कान में कहा है– "माताजी बिल्कुल ठीक हैं, चिंता की कोई बात नहीं।"

एंडोस्कोपी की रिपोर्ट आ गई है। डॉक्टर अमित को एक तरफ़ अलग बुलाकर कोई काग़ज़ दिखा रहा है। उस पर कुछ लिखा है। उन शब्दों में मायादेवी का भविष्य है। अमित डॉक्टरों की बात पर विश्वास नहीं कर पा रहा है। ऐसा कैसे हो सकता है! कम-से-कम माताजी के साथ तो नहीं! नियम और परहेज़ से खान-पान रखने वाली माताजी को ऐसी बीमारी हो ही नहीं सकती! कार्सिनोमा ऑफ़ स्टमक यानी पेट का कैंसर। डॉक्टर अपनी रिपोर्ट के बारे में पूर्णतः आश्वस्त है। बायोप्सी की रिपोर्ट तो बस एक औपचारिकता भर है। अर्णिमा और माताजी ने पूछा तो अमित ने कह दिया कि अल्सर है। घबराने की कोई बात नहीं है। माताजी थोड़ी-सी सहज हो गई हैं। उन्होंने कहा कि भूख लगी है– ये सुनकर अर्णिमा हैरानी से माताजी को देखने लगी है। तीन-चार महीने हो गए, ज़बरदस्ती उन्हें खिलाना पड़ता है। अमित का मन भारी हो गया है, लगता है बात करने पर रो पड़ेगा। दवाई लाने का बहाना बनाकर कमरे से बाहर निकल गया है।

अस्पताल के लॉन में काफ़ी गहमा-गहमी रहती है। मरीज़ों के साथ दूर-दूर से आए लोग ज़्यादातर शाम को यहीं सुस्ताते दिखाई देते हैं। अमित एक बेंच पर बैठ गया। आस-पास बैठे सब लोग अपने जैसे ही परेशान दिखाई दे रहे हैं। लटके हुए चेहरे, झुके कंधे, दबे हुए किसी अनजाने बोझ से। लंबे-चौड़े लॉन में घास की हरी चादर बिछी हुई है। चारों कोनों में सलीक़े से बनी तिकोनी क्यारियाँ इस समय गीली हैं। अभी कुछ देर पहले ही माली इन्हें पानी से सींचकर गया है। खुदाई के बाद उलट-पलट की गई

मिट्टी अभी नरम है और ताज़ी लग रही है। उसमें से उठती सौंधी-सौंधी ख़ुशबू वातावरण को महका रही है। लोग खा-पी रहे हैं। कुछ घास पर लेटे हुए हैं। गोल-गोल घेरों में बैठे लोग ख़ामोश हैं। लॉन में खेलते बच्चे ही इस ख़ामोशी को तोड़ रहे हैं।

कैंसर हो जाए तो बचना मुश्किल है। डॉक्टर तो कह रहे थे ऑपरेशन के बाद माताजी कुछ ही दिन और जी सकेंगी। अमित को आज जीवन में पहली बार ये एहसास हो रहा था कि वह माताजी को कितना प्यार करता है। उसे याद है– परीक्षा के दिनों में उनका उसे जगाए रखने के लिए रात-रात भर जागते रहना। नींद आने पर दौड़कर किचन से गर्म दूध ले आना। अपने दोस्तों की देखा-देखी अपने लिए कई बार रात को उनसे चाय-कॉफ़ी की माँग की तो कभी पीने नहीं दी। सुबह से रात सोने तक हर काम का टाइम फ़िक्स होता। ग़लती होने पर पिटाई भी ख़ूब होती। उनका मानना था कि जीवन में अनुशासन से बढ़कर कुछ नहीं होता।

एक पूँछ-कटी छिपकली तेज़ी से सामने वाली दीवार पर चल रही है। उसकी कटी पूँछ नीचे गिरकर अभी भी तड़प रही है।

नर्स मायादेवी का ब्लड प्रेशर चेक कर रही है। अपने हाथ में थामी रबर की छोटी-सी गेंद को जब नर्स दबाती है तो बाज़ू में बँधा पट्टा कस जाता है। मायादेवी का दम घुटने लगता है। रबर की गेंद पर हाथों का दबाव हटते ही सब सहज हो जाता है। नर्स सुबह-शाम दो टाइम आती है। दुबली-पतली, लंबे क़द वाली वह साँवली नर्स कभी नहीं मुस्कराती। भिंचे हुए होंठ उसके चेहरे पर जड़ी दो मोटी आँखों की ख़ूबसूरती को भी कम कर देते हैं। ब्लड प्रेशर चेक करने के पश्चात मुँह में थर्मामीटर लगाकर उसने माताजी की कलाई अपनी उँगलियों में थाम ली है। माताजी चुपचाप नर्स का चेहरा निहार रही हैं। छोटी-सी उम्र में भला कौन-सी ऐसी परेशानी है जो यह इस क़दर उदास है।

माताजी का केस डॉक्टर मेहता के पास है। वो देश के जाने-माने

डॉक्टर हैं। इस अस्पताल में एक सीनियर सर्जन हैं। अमित के अभिन्न मित्र भी हैं। जब भी चेकअप के लिए आते हैं, माताजी को दिलासा देते हैं– "माताजी, आपका ऑपरेशन मैं करूँगा। आप ठीक हो जाएँगी।"

और थोड़ी देर बाद फिर हँसते हुए कहते हैं– "ठीक होने के बाद ऑपरेशन की फ़ीस लूँगा आपसे।"

मायादेवी की आँखें प्रसन्नता से चमक उठती हैं। उत्साह छलकने लगता है। कहती हैं– "डॉक्टर बेटा, उसके लिए सहारनपुर आना पड़ेगा।"

डॉक्टर मेहता क्षण भर के लिए ख़ामोश हो जाते हैं। और फिर शीघ्र ही सहज होकर खिलखिलाते हुए हामी भर देते हैं। मायादेवी अर्णिमा से चाय बनाने के लिए कहती हैं लेकिन डॉक्टर मना कर देते हैं– "माताजी फिर कभी, अभी ड्यूटी पर हूँ।"

डॉक्टर मेहता के जाने के बाद माताजी को चिंता सताने लगी है कि जब डॉक्टर मेहता घर आएँगे तो उन्हें कौन-से कमरे में ठहराया जाएगा। "बाप-बेटे को घर की कोई चिंता नहीं", बोलते-बोलते उठकर बैठ गई हैं। अख़बार पढ़ना चाहती हैं, पर अर्णिमा चश्मा लाना भूल गई है।

अर्णिमा के पहने हुए सूट का रंग कुछ फेड लग रहा है। अमित को हिदायत दी है अर्णिमा के नए सूट के लिए। अमित के मुरझाए चेहरे पर मुस्कराहट तैर गई है। वो तिरछी नज़रों से अर्णिमा को देखती हैं। वह भी दुपट्टा मुँह पर रखकर हँस रही है।

मायादेवी ने बंद खिड़की खोल दी है। बाहर एक पंछी उड़ने की नाकाम कोशिश कर रहा है, इस बात से बेख़बर कि उसके पंख काट दिए गए हैं।

बायोप्सी की रिपोर्ट आ गई है। पॉज़िटिव है। माताजी की तबीयत आज सुबह से ही कुछ सुस्त है। अमित डॉक्टर से बात करने गया है। आज का अख़बार सामने खुला पड़ा है। गुजरात में भूकंप आया है। हताहतों की संख्या समय के साथ बढ़ती जा रही है। सरकारी और ग़ैर-सरकारी सामाजिक संस्थाओं के कार्यकर्ता बचाव कार्य में जुटे हुए हैं। देश के विभिन्न राज्यों के अलावा विदेश से भी सहायता के प्रस्ताव आने शुरू हो गए हैं। अख़बार नेताओं के वक्तव्यों से भरा पड़ा है। अर्णिमा का मन हुआ कि अख़बार पढ़ना बंद कर दे। परंतु क्या आँख मूँद लेने से त्रासदी को नकारा जा सकता है!

अर्णिमा सोच रही है– विज्ञान पर विजय प्राप्त करने के पश्चात भी इंसान प्रकृति के मूल रहस्य को खोज नहीं पाया। हाँ प्रकृति के संतुलन को बिगाड़ने में उसने कोई कोर-कसर नहीं छोड़ी और इसलिए स्वयं को ब्रह्मांड का संचालक समझने वाला इंसान कब प्रकृति के किस अप्रत्याशित प्रहार से धराशायी हो जाता है, पता ही नहीं चलता। प्रकृति जब बाढ़, भूकंप और भूस्खलन जैसी आपदाओं के रूप में अपनी रुद्र-शक्ति का प्रदर्शन करती है तो बेबस इंसान अपने घुटने टेकने के अलावा कुछ नहीं कर सकता। विश्व-विजेता बनने का उसका दावा खोखला लगने लगता है। इस पर भी उसने प्रकृति के साथ छेड़छाड़ बंद नहीं की।

उसे किसी कवि की पंक्तियाँ याद आ रही हैं– बारूद के ढेर पर बैठा है यह इंसान/ हैवानियत के ज़ोर पर ऐंठा है यह इंसान...

साथ वाले कमरे के बाहर एक छोटी-सी भीड़ जमा है। ये लोग किसी राजनीतिक रैली में भाग लेने आए थे। पिछली रात वापसी थी। स्टेशन की तरफ़ जाते हुए अचानक थ्री-व्हीलर पलटने से उनके एक साथी की मौक़े पर ही दर्दनाक मौत हो गई। उसकी पत्नी को चोटें आई हैं। वह भी इसी कमरे में भर्ती है। हाथ की हड्डी टूट गई है और माथे पर टाँके आए हैं। रात भर महिला दर्द से कराहती रही है। अर्णिमा को रात भर नींद नहीं आई। साथ आए लोग उसे सांत्वना दे रहे हैं। परंतु पति का अचानक साथ छोड़कर चले जाना पत्नी को सहन नहीं हो पा रहा है। वह किसी की बात सुनना नहीं चाहती। उसके आँसू रुकने का नाम नहीं ले रहे।

इसी बीच कोई सूचना लेकर आया है। मृत व्यक्ति के शरीर को उसके शहर भेजने का प्रबंध हो गया है। वह भी हवाई जहाज़ से। उनकी पार्टी के कोई नेता सरकार में मंत्री हैं। उन्होंने ही सारी व्यवस्था की है। सुनते ही न चाहते हुए भी लोगों के चेहरों पर ख़ुशी अपना रंग बिखेरने लगी है। लोग अपना-अपना सामान पैक करने में लग गए हैं। मृत व्यक्ति की पत्नी को भी तैयार होने के लिए कह रहे हैं। पर उसका रुदन और बढ़ गया है।

लोग उसे समझा रहे हैं कि इस तरह हिम्मत हारने से कुछ नहीं होगा। बच्चों के सिर से बाप का साया उठ गया है। अब वही उनका सहारा है। प्रभु की जो इच्छा थी वह तो हो चुकी। अब बच्चों के लिए उसे पिता का रोल भी निभाना पड़ेगा। साथियों की बात उसे समझ में आने लगी है। वह धीरे से उठी है। हाथ-मुँह धोकर उसने अपना सामान पैक करना शुरू कर दिया है। किसी ने उसके हाथ में चाय का कप और बिस्कुट पकड़ा दिया है। उसने इनकार नहीं किया बल्कि आँसू पोंछकर चाय पीने लगी है। साथ आए लोग आश्वस्त हो गए हैं और हवाई सफ़र के विषय में बात करने लगे हैं। कई व्यक्ति तो प्रथम बार हवाई सफ़र करेंगे।

सामने वाले कमरे में सरदार जी बेचैनी में टहल रहे हैं। उनकी एक आँख पर पट्टी बँधी है। मोतियाबिंद का ऑपरेशन हुआ है। सरदार जी

अक्सर अमित से दवाई मँगवाते हैं। इसी बहाने से अपने पास बैठा लेते हैं। उनके पास काजू, बादाम और पिस्ता से भरे हुए डिब्बे हैं। अमित को ज़बरदस्ती खिलाते हैं। एक-दो बार तो अर्णिमा के लिए भी भिजवाए थे। वह अपने परिवार की फ़ोटो भी दिखाते हैं। पत्नी का देहांत हो चुका है। इकलौते बेटा-बहू अच्छे ओहदे पर हैं। उनके पास वक़्त नहीं है। परंतु शाम को ऑफ़िस से लौटते हुए पिता से मिलने आते हैं। उनके हाथ में सामान से भरे हुए थैले होते हैं। सरदार जी सारा दिन अकेले ताश खेलते रहते हैं। उनका कहना है कि ताश ही ऐसा खेल है जिसे खेलने के लिए दूसरे साथी की ज़रूरत नहीं होती। सरदार जी को चॉकलेट अच्छे लगते हैं। नूडल्स शौक़ से खाते हैं। इंपोर्टेड कपड़ों के शौक़ीन सरदार जी आजकल स्विमिंग नहीं कर पा रहे। इस बात का उन्हें बहुत खेद है। एकदम सुबह नहा-धोकर सुखमणि साहब का पाठ करना उनका रोज़ का नियम है।

सौम्य, गरिमामय सरदार जी दिन भर ख़ुश रहते हैं, पर शाम को बेटे के सामने छोटा-सा बच्चा बन जाते हैं। बेटा उन्हें बच्चों की तरह मनाता है। उनकी हर फ़रमाइश पूरी करने का भरसक प्रयास करता है। एक दिन लॉन में घूमते हुए सरदार जी ने अमित को एक सूखा पेड़ दिखाया और समझाया– "उस पेड़ की शाखाएँ हमेशा ऊपर की ओर बढ़ती हैं। पर पेड़ जब पत्तों और फलों से लद जाता है तो उसकी शाखाओं के सिरे नीचे जड़ों की तरफ़ झुकने लगते हैं। पर इसके लिए वे प्रतीक्षा करती हैं। कभी-कभी तो प्रतीक्षा एक जन्म में पूरी नहीं होती।" इतना कहकर अपनी दाढ़ी पर हाथ फिराकर सरदार जी ने ज़ोरदार ठहाका लगाया। पर दूसरे ही क्षण एकदम चुप होकर मुँह दूसरी तरफ़ फिरा लिया। क्योंकि उनकी आँखों में आँसू छलक आए थे।

आज इतवार है, आज सरदार जी के बेटे के साथ उसका बेटा भी आएगा। अमित को विश्वास है कि सरदार जी अपना मानसिक संतुलन नहीं बिगड़ने देंगे। दरअसल, आज सरदार जी की छुट्टी होनी है।

आकाश में अभी भी बादल छाए हैं। रात भर बारिश होती रही है। मायादेवी ने खिड़की का पर्दा हटा दिया है। सब कुछ साफ़ दिखाई दे रहा है। अस्पताल के पीछे वाला हिस्सा भी एकदम स्वच्छ दिख रहा है। दूर-दूर तक कच्ची ज़मीन बारिश की वजह से नम हो गई है। मिट्टी में से सैकड़ों केंचुए बाहर निकलकर इधर-उधर फैल रहे हैं। मिट्टी के रंग वाले इन केंचुओं का मुँह दोनों तरफ़ होता है। इसलिए ज़्यादा दूर तक नहीं जा सकते। एक जगह पर ही इधर-उधर भटकते रहते हैं। सूखने पर पता नहीं ज़मीन के अंदर कहाँ चले जाते हैं।

ठीक सामने नीम का पेड़ है। इस समय वो सुख चूका है। पेड़ चुपचाप खड़ा है– बदलते मौसमों के खट्टे-मीठे अनुभवों को अपने भीतर समेटे हुए। शायद इसलिए इतना कड़वा हो गया है। सूखी डालियों के बीच लटकते घास के तिनकों को देखकर लगता है– शायद कभी किसी पंछी ने अपना घोंसला बनाया होगा।

शादी के बाद मायादेवी अपने पति के घर आईं तो बिखरे घर को सहेजने में लग गईं। पति के भाई बहुत छोटे थे जब उनकी माँ का साया उनके सिर से उठ गया था। कठोर सिद्धांतों वाले स्कूल टीचर ससुर और दो छोटे देवर ही उनकी ससुराल थी। अमर देव सेना में नौकरी होने के कारण केवल छुट्टियों में ही घर आ पाते थे। मायादेवी ने अपने पति के घर को सँवारने में कोई कसर नहीं छोड़ी। रिश्तों का निर्वाह करने की आदत उनके लिए काफ़ी तकलीफ़देह साबित हुई। परंतु इस बात की उन्होंने अपने पति से कोई शिकायत नहीं की। वीर जी मिलने आते तो ढेर सारे फल, मिठाई और कपड़े लेकर आते। पैसों की उन्होंने कभी परवाह नहीं की। अपनी लाड़ली बहन को घर के काम करते देख उन्हें अच्छा नहीं लगता। मायादेवी उनके सामने मुस्कराती रहतीं परंतु उनके जाने के बाद फूट-फूटकर रोतीं।

बूँदाबाँदी शुरू हो गई है। बारिश से बचने के लिए एक कौवा पेड़ के खोखल में छिपने का प्रयास कर रहा है, पर उसके पंख अभी भी भीग रहे हैं।

माताजी को सीटी स्कैन के लिए अंदर ले गए हैं। अर्णिमा बाहर जमा रोगियों की भीड़ के बीच जाकर बैठ गई है। तरह-तरह के मरीज़ हैं। उनके साथ आए लोग भी हैं। काफ़ी चहल-पहल है। शरीर के अंदर पनप रहे रोग से इंसान तब तक अनजान रहता है जब तक रोग जानलेवा नहीं बन जाता। बिना किसी दर्द के शुरू हुआ कैंसर अंतिम पड़ाव पर असहनीय पीड़ा देता है। सीटी स्कैन की रिपोर्ट देखने के बाद माता जी का केस डॉक्टर राजीव को रेफर कर दिया गया है जो कि देश के जाने माने सर्जन है

शर्माजी को डॉक्टर के कमरे के बाहर आते देख अर्णिमा हैरान है। शर्माजी अपने ही शहर में एयरफ़ोर्स में पायलट हैं। उनके चेहरे पर हरदम मुस्कराहट खेलती रहती है। ज़िंदादिल व्यक्तित्व के मालिक शर्माजी अभी भी मुस्करा रहे हैं। उनके हाथों में एक फ़ाइल है। चाल सुस्त है, पर बात करने का अंदाज़ चिर-परिचित है। मुँह से निकलते शब्दों को सँभालने के लिए शर्माजी बेवजह ज़ोर-ज़ोर से हँस रहे हैं। माताजी का हाल पूछ रहे हैं। अमित के बारे में जानकारी ले रहे हैं। अर्णिमा को ढाँढ़स बँधा रहे हैं। अर्णिमा शर्माजी से यहाँ आने का कारण पूछती है।

"एक पेशेंट को एडमिट करना है।" शर्माजी का स्वर शरारत से भरा है।

अर्णिमा की उत्सुकता बढ़ती जा रही है– "घर में कोई बीमार है ?"

"अजी कुछ नहीं, लिवर में थोड़ा-सा दाग़ आ गया तो डॉक्टर कह रहे हैं ऑपरेशन करना पड़ेगा।" शर्माजी का स्वर डूबने लगा है।

अर्णिमा के पूछने पर शर्माजी फिर बेवजह ज़ोर-ज़ोर से हँसने लगे– "डॉक्टरों के अनुसार कैंसर है मुझे।" इतना सुनते ही अर्णिमा ने देखा, शर्माजी की आँखों में टिमटिमाते दीये अचानक बुझ गए हैं।

बाहर अच्छी बारिश हो रही है। पक्के फ़र्श पर गिरती बूँदें छोटे-बड़े दायरे बना रही हैं। शर्माजी बारिश की परवाह किए बिना नन्हे दायरों को पैरों से रौंदते हुए बाहर निकल गए हैं। पता नहीं क्यों ऐसा लग रहा है कि शर्माजी की कमर झुक गई है।

ऑपरेशन की डेट तय हो गई है। अमित घर जाना चाहता है ताकि ऑपरेशन से पहले वापस आ सके। मायादेवी की लिस्ट बहुत लंबी है, जिसमें पहले नंबर पर उनका चश्मा है। चश्मे के बिना वह अख़बार नहीं पढ़ सकतीं। अमित को बार-बार याद दिला रही हैं कि बच्चों के लिए चॉकलेट ले जाना और मोहल्ले वाले चावला जी का हाल-चाल पूछना मत भूलना जो काफ़ी समय से बीमार चल रहे हैं। अपनी छोटी बहू के लिए हिदायत भेजी है कि घर का ध्यान रखेगी। ख़ास तौर पर जब महरी घर पर काम करने आती है। वह दोपहर के समय घोड़े बेचकर न सोए। सारा घर खुला रहता है।

अर्णिमा को अपने पास बुलाकर उन्होंने धीरे से पूछा है– "अपने कमरे की अलमारी में ताला लगाकर आई हो या नहीं ?" अर्णिमा के हामी भरने पर उन्हें थोड़ी राहत मिली है।

हमेशा की तरह फिर कह रही हैं– "कम-से-कम अपना सामान तो सँभालना सीखो, मैं कब तक बैठी रहूँगी !"

अमित की कोशिश है ज़रूरत की दवाएँ और सामान लेकर अर्णिमा को देता जाए ताकि माताजी को अकेला छोड़कर उसे बाहर न जाना पड़े।

माँ के पाँव छूकर अमित जब चलने लगा तो मायादेवी ने कहा– "कल अपने पिताजी को भेज देना। उनकी वर्कशॉप बंद रहेगी न!" और फिर दरवाज़े की जाली से अमित को तब तक निहारती रहीं जब तक वह आँखों से ओझल नहीं हो गया।

मायादेवी की आँखों से आँसू अपने आप ही बहने लगे हैं। उठकर दरवाज़े तक जाने का मन तो है, पर हिम्मत नहीं है। तकिए में उन्होंने अपना चेहरा छिपा लिया है। उन्हें लग रहा है कि वह क़ैद हो गई हैं और चाहकर भी बाहर नहीं निकल सकतीं।

घर के सारे काम फुर्ती से निपटाकर आर्य समाज के लिए पैदल चंदा इकट्ठा करने वाली मायादेवी आज चलने-फिरने से भी लाचार हो गई हैं। पिछले कई सालों से शरीर खोखला होता जा रहा है। सड़क पर चलते हुए कई बार चक्कर आया, परंतु उन्होंने घर में किसी को नहीं बताया। डॉक्टरों से पहरेज़ रखने वाली मायादेवी बचपन से ही कोई न कोई बीमारी झेलती रही हैं। पति ने उनकी हर छोटी-बड़ी ज़रूरत का ख़याल रखा है। लेकिन अपने कामकाज में व्यस्त होने के कारण पत्नी को ज़्यादा समय न दे पाना उनको हमेशा से खटकता रहा है। फिर भी मायादेवी को इस पर कोई गिला नहीं है, कोई शिकवा नहीं है।

सामने दीवार पर एक पोस्टर है। उसमें दो किनारों के बीच बहती शांत नदी दिख रही है। दोनों किनारे एक-दूसरे से बहुत दूर अपनी अलग दुनिया बसाए हुए हैं। मायादेवी उस नदी को एकटक निहार रही हैं। अचानक नदी में उफान आ गया है। लहरें तटों पर जाकर अपना सिर पटक रही हैं। उन्होंने देखा– वापस आती लहरों का रंग गहरा लाल हो गया है। डरकर आँखें बंद कर ली हैं। कुछ ही देर में न जाने उन्हें कब नींद आ गई। आँख खुली तो देखा, सामने अर्णिमा हाथ में दवाई लेकर खड़ी है। पोस्टर में नदी का पानी शांत हो गया है।

अमर देव जी ढेर सारे फल लेकर आए हैं। उन्हें पता है पत्नी फल

शौक़ से खाती है। ख़ास तौर पर संतरा। संतरा छीलते हुए पति को मायादेवी ध्यान से देख रही हैं। पके बाल, चेहरे पर गहरा आईं झुर्रियाँ और आँखों पर चश्मा। ऊँचे-पूरे डील-डौल वाले अमर देव जी हमेशा उत्साह से भरे रहते हैं। फ़िक्र-चिंता से कोसों दूर हँसते-हँसते अपने कार्य में व्यस्त। उम्र उन पर कभी हावी नहीं हुई। पर आज हँसते हुए कई बार चश्मा उतारकर उन्होंने आँखों को पोंछा है। हँसते हुए कह रहे हैं– "तेरी दिल्ली आने की इच्छा पूरी हो गई न ? अच्छा यह बता, क्या-क्या देखा, लालक़िला, कुतुब मीनार ? लगता है तेरे बेटे-बहू ने तुझे घुमाया नहीं। चल मेरे साथ।"

मायादेवी अपने पति का हाथ पकड़कर सुबकने लगी हैं। हाथ थपथपाते हुए अमर देव जी पत्नी को दिलासा देने की कोशिश करते हैं। उनके शब्द मौन हो गए हैं। पीछे खड़ी अर्णिमा अपने आँसुओं को रोकने का भरपूर प्रयास कर रही है।

"आर्य समाज वाले आए थे घर, तेरा हाल-चाल पता करने। कहने लगे कि दिल्ली जाएँगे। पर मैंने मना कर दिया। और तेरे चावला भाई साहब की तबियत अब पहले से काफ़ी बेहतर है। अपने पड़ोसी तीरथ सिंह की बेटी की शादी का कार्ड आया है।" अमर देव जी कहते हैं।

"कितना शगुन डालना है ?" मायादेवी पूछती हैं।

वातावरण सहज बनाने का प्रयास सफल हुआ। बात करते हुए मायादेवी के चेहरे पर भी मुस्कान उभर आई। गालों पर लुढ़क आए आँसुओं को पोंछते हुए बोलीं– "इक्यावन रुपये से ज़्यादा नहीं देना। हमारे बच्चों की शादी में किसी मोहल्ले वाले ने इक्कीस से ज़्यादा नहीं दिए और दस-दस लोगों का परिवार खाने के लिए पहुँच गया था।"

तनाव से खिंच आया अमर देव जी का चेहरा सहज हो गया।

"बच्चे ज़िद कर रहे थे आने के लिए।"

"साथ में ले आते, उनको देखे कई दिन हो गए।"

"उनके पेपर हो रहे हैं।"

अमर देव जी को अचानक कुछ याद आया। अपने बैग से एक हस्त निर्मित ग्रीटिंग कार्ड मायादेवी को थमा दिया– "यह बच्चों ने तेरे लिए बनाया है।"

मायादेवी ने देखा, पोस्टर में नदी के किनारे पर बड़ा-सा लाल गुलाब खिल गया है। तेज़ गति से घूमते पंखे की तीनों पंखुड़ियाँ एक हो गई हैं। आर-पार सब दिखाई दे रहा है। शादी के पाँच साल बाद अमर देव ने सेना की नौकरी छोड़कर एक सिगरेट बनाने वाली बड़ी कंपनी में नौकरी कर ली थी। इस बीच देश आज़ाद होने के साथ दो टुकड़ों में भी बँट चुका था। अपने माँ-बाप को उस बँटवारे में खोने का ग़म आज भी उन्हें सालता है। भाई का कारोबार भी भारत आकर उस तरह से नहीं चल पाया जैसा कि लाहौर में चल जाता था। कपड़े की बड़ी चलती हुई दुकान का मालिक होने का ग़ुरूर अपने साथ लिए आख़िरी दम तक संघर्ष करते रहे। उनके आकस्मिक निधन से पूरा परिवार मानसिक रूप से टूट गया था। पर प्रभु कृपा से आज सब अपने पैरों पर खड़े हैं। अपने भाई को याद करके मायादेवी फिर रोने लगी हैं। उनका भाई बहुत अच्छा और नेक था। भगवान अच्छे लोगों को दुनिया से जल्दी उठा लेता है।

हर राखी पर वीर जी सूट ज़रूर देते, चटक रंग का। वह जानते थे कि उनकी बहन को तितलियों वाले ख़ूबसूरत रंग बहुत पसंद हैं। आज तक राखी का वह दिन नहीं भूल पाईं, जब राखी बँधवाने के बाद घर पहुँचकर वीर जी को हार्ट अटैक आ गया था। और वह बिना किसी को कुछ कहे-सुने इस दुनिया से चले गए थे। उस राखी पर भी फूलों वाला, गहरे मेहरून कलर का सूट का कपड़ा दे गए थे। बोला था कि सूट जल्दी से सिलवाकर पहन लेना। उनके हिसाब से कपड़े का फ़ैशन बहुत जल्दी बदल जाता है। कपड़े की बहुत पहचान थी उनको। पर मायादेवी ने वह सूट कभी नहीं सिलवाया। आज तक अपने ट्रंक में सँभालकर रखा हुआ है।

खिड़की के बाहर खड़ा नीम का पेड़ भी झड़ रहा है। बिना पत्तियों वाली सूखती शाखाएँ कड़कड़ करतीं, टूटकर बिखर रही हैं। मन अकेलेपन से घबरा रहा है, पर साथ वाले वार्ड में चहल-पहल है। सारे मरीज़ अपनी बीमारी को कुछ क्षण के लिए भूलकर बतियाते रहते हैं। मायादेवी जनरल वार्ड में जाना चाहती हैं।

जनरल वार्ड उम्मीद से ज़्यादा साफ़-सुथरा और हवादार है। एक मरीज़ के साथ एक समय में एक ही व्यक्ति रह सकता है। अर्णिमा भी वहाँ पर आकर अच्छा महसूस कर रही है। सुख-दुख बाँटने वाले बहुत सारे लोग हैं। यहाँ शिफ्ट होने के प्रस्ताव का अमित ने पहले विरोध किया था, पर माँ के सामने उसकी एक न चली।

सामने वाले बेड पर पैंतीस-छत्तीस वर्ष की एक युवती है। वो लोग जबसे वार्ड में शिफ़्ट हुए हैं, वह क्रोशिये से कुछ बुनती हुई दिखाई दे रही है। पतला-दुबला शरीर, साँवला रंग, औसत क़द, चौड़ा चेहरा, नुकीली ठोड़ी और कुछ कहने को आतुर मोटी चमकदार आँखें। आँखों में आशा के तारे टिमटिमा रहे हैं। साथ बैठी महिला के साथ उसका बेबाक व्यवहार बता रहा है कि वह उसकी माँ है। बेटी की उन्मुक्त हँसी के उत्तर में वह खुलकर हँस नहीं पा रही है। नीता नाम की युवती ने कब परिचय बढ़ा लिया, अर्णिमा को पता ही नहीं चला। माताजी की बीमारी के विषय में बड़ी गंभीरता से सुनते-सुनते मीता ने अचानक ज़ोरदार ठहाका लगाया है।

"यहाँ के डॉक्टरों को चीर-फाड़ करने में मज़ा आता है!"

वार्ड की गुनगुनाहट अचानक मौन हो गई है। उसकी आँखें नम हो गई हैं। पता नहीं वह रो रही है या हँस रही है।

अर्णिमा माताजी की चादर ठीक करने में व्यस्त है। अमित उसकी मदद कर रहा है।

अचानक वार्ड में एक डॉक्टर आ गया है। माताजी के साथ दो व्यक्तियों को देखकर क्रोधित हो गया है, ठीक वैसे ही जैसे क्लास में मस्ती करने पर टीचर बच्चों को डाँट लगाता है। अमित तिलमिला उठा है और वार्ड से बाहर निकल गया है।

अर्णिमा रुआँसी हो उठी है। उसे देखकर माताजी की इस वार्ड में आने की ख़ुशी समाप्त हो गई है। डॉक्टर के जाने के बाद मीता ने हँसते हुए अर्णिमा को समझाया है कि यह यहाँ साधारण-सी बात है। यहाँ पर भर्ती मरीज़ और उनके साथ आए रिश्तेदारों की इसी तरह प्रतिदिन दुर्गति होती है। मरीज़ की शारीरिक और रिश्तेदारों की मानसिक।

डॉक्टर से डाँट खाने के बाद अमित की हिम्मत नहीं हो रही वार्ड में जाने की। वह कॉरिडोर में बैठकर अर्णिमा का इंतज़ार कर रहा है। सुबह के 9 बज रहे हैं। हर तरफ़ सफ़ाई हो रही है। फ़िनाइल की गंध से अमित का मन घबराने लगा है। उसने नाक पर रुमाल रख लिया है। उसके साथ वाली कुर्सी पर बैठा तीस-बत्तीस वर्ष का एक युवक वार्ड की तरफ़ उत्सुकता से देख रहा है। उसके घुँघराले बाल ठीक से सँवारे हुए नहीं हैं। आँखों में लाल डोरे तैर रहे हैं। लगता है कई रातों से ठीक से सो नहीं पाया है। अमित से नज़रें मिलने पर अपने चेहरे पर उग आई बेतरतीब दाढ़ी पर हाथ फेरकर कुर्सी पर पसर गया है। उसकी आँखें फिर वार्ड की तरफ़ निहारने लगी हैं। डॉक्टरों की टीम को वार्ड की तरफ़ जाते देखकर शीघ्रता से कुर्सी से उठ गया है। कॉरिडोर से बाहर जाते हुए उसकी चाल लड़खड़ा रही थी।

अमित ने देखा, उसके कपड़े बेहद मैले और सिलवटों से भरे हुए हैं।

पैरों में पहनी हुई रबर की हवाई चप्पल के तले एड़ी की तरफ़ से काफ़ी घिस चुके हैं। एड़ियों को ज़मीन पर घिसटने से बचने के लिए पंजों के बल चल रहा है। अपने सिर पर चिपकी सफ़ेद नेट वाली छोटी-सी टोपी को उसने अपने हाथों से ठीक किया है। उसकी पतली-लंबी काया पर लंबा-सा ढीला-ढाला कुर्ता और पठानी सलवार मानो हैंगर पर लटके कपड़े हैं। टाँगें शरीर से औसत से कुछ ज़्यादा ही लंबी हैं। लंबे हाथ कंधों से लटकते हुए झूल रहे हैं। बार-बार अपनी मुट्ठी खोल-बंद कर रहा है। सफ़ाई वाले से पूछने पर पता चला कि जब बड़े डॉक्टर राउंड पर आते हैं तो मरीज़ के साथ आए हर व्यक्ति को वार्ड से बाहर निकाल दिया जाता है। वार्ड से बाहर आती अर्णिमा को देखकर अमित ने राहत की साँस ली है। चाय पीने की उसकी इच्छा बलवती हो उठी है।

जनरल वार्ड में आकर अर्णिमा को एक फ़ायदा हो गया है। माताजी को कुछ देर के लिए अकेला छोड़ सकती है। उनकी हालत दिन-प्रतिदिन ख़राब होती जा रही है। टॉयलेट तक भी जाना मुश्किल हो गया है। इतनी कमज़ोरी आ गई है कि दो क़दम चलने में चक्कर आने शुरू हो जाते हैं। पर किसी का सहारा लेना नहीं चाहतीं। टॉयलेट से बाहर आते ही बेहोश होकर गिर पड़ती हैं। अर्णिमा अकेले सँभाल नहीं पाती। मीता की माँ की सलाह पर व्हीलचेयर का इंतज़ाम कर लिया है।

एक ट्रॉली सुबह का नाश्ता लेकर कॉरिडोर में दाख़िल हुई है। अमित ने देखा, ट्रॉली के पीछे वही लंबा, पतला-दुबला व्यक्ति है जिसे उसने सुबह देखा था। नाश्ता लाने वाला व्यक्ति उसे कह रहा है– "दीनू भाई, डॉक्टरों के जाने के बाद ही आ सकता हूँ।"

दीनू शुष्क होंठों पर जीभ फिराता हुआ बोला– "भैया, साढ़े नौ बजे बज रहे हैं। माँ सुबह से भूखी हैं। तुम तो जानते हो कितनी कमज़ोर हो चुकी हैं। और डॉक्टर ने उनके लिए खाना भी डबल कर दिया है।"

ट्रॉली वाला व्यंग्यात्मक हँसी हँसते हुए कहता है– "भैया, अब आ

गया है तो चलो पहले तुम ही ले लो अपनी मैया के वास्ते नाश्ता।"

दीनू दौड़ता हुआ ट्रॉली वाले से आगे निकलकर वार्ड में घुस गया है।

अर्णिमा अपनी बहन के घर गई है। अस्पताल के पास ही है। जनरल वार्ड में टॉयलेट की समस्या है। अमित समझ गया है कि अब वह वार्ड के अंदर जा सकता है। ट्रॉली वाला मरीज़ों के साथ आए लोगों को डॉक्टर के निर्देशानुसार दूध, चाय, ब्रेड, दलिया आदि बाँट रहा है। अमित को भी माताजी के लिए उसने दो ब्रेड पीस और एक पाव दूध दिया है।

अमित के सामने दूध गर्म करने की समस्या है। कॉरिडोर के एक कोने वाले कमरे में एक हीटर है। वहाँ पर औरतों की बेइंतहा भीड़ है। मीता की माँ अमित के हाथ से दूध लेकर उस भीड़ में गुम हो गई है। जब बाहर निकली तो उसके हाथ में गर्म दूध का गिलास था। माताजी ठंडा दूध नहीं पीतीं। इससे पहले कि अमित उसको धन्यवाद के दो शब्द बोल पाता, वह मीता के लिए दवाई लेने बाहर निकल गई।

अमित इंतज़ार कर रहा है कि दूध थोड़ा-सा ठंडा हो जाए तो ब्रेड के छोटे-छोटे टुकड़े करके दूध में डालकर माताजी को खिला सके। थोड़ा-सा ठंडा होते ही दूध पर मलाई की एक पतली-सी परत आ गई है, जिसे उँगली से एक ओर हटाकर अमित ने ब्रेड के टुकड़े दूध में डाल दिए हैं। माताजी अर्णिमा के विषय में पूछ रही हैं। उसकी अनुपस्थिति से उनका मन विचलित है। उसने माताजी को बताया कि वह नाश्ता कर चुका है, यह सुनकर माताजी ने धीरे-धीरे खाना शुरू कर दिया है। उसे पता है कि माताजी उसके नाश्ता करने के बाद ही खाती हैं।

मीता की माँ उसके बालों में कंघी कर रही है। मीता के बाल बहुत लंबे हैं, पर सारे बाल दोमुँहे हो गए हैं। अर्णिमा को वार्ड में आते देख माताजी ने चैन की साँस ली है और आँखें बंद कर ली हैं। चुप हैं।

अर्णिमा ने पूछा– "नाश्ता कर लिया?"

वो हाँ-हूँ में उत्तर दे रही हैं। मीता ने हँसकर कहा– "तुम्हारी सास तुम्हें बहुत प्यार करती है। तुम्हारी ग़ैरहाज़िरी में उसकी आँखें बस दरवाज़े पर लगी रहती हैं।"

अर्णिमा को पता है, माताजी को उसका उसकी बहन के घर जाना अच्छा नहीं लगता।

थोड़ी देर में माताजी खर्राटे भरने लगी हैं। आश्वस्त होकर अर्णिमा ने इधर-उधर नज़र घुमाई। माताजी के साथ वाले बेड पर एक वृद्ध व्यक्ति आ गए हैं। अपने सिर के नीचे दोनों हाथों को टिकाए लेटे हैं। उनकी निगाहें छत पर घूमते पंखे पर टिकी हुई हैं। साथ वाले स्टूल पर बैठी पत्नी हाथ के पंखे से उन्हें हवा कर रही है। मोटे चश्मे से झाँकती उसकी आँखें पति को देख रही हैं। वह बार-बार पति के माथे को सहलाती है।

एक डॉक्टर वृद्ध व्यक्ति को अटेंड करने आया है। पत्नी उसे अपने पति का हाल बयान करना चाहती है। डॉक्टर ने उसे चुप करा दिया है– "हाँ तो मिस्टर श्याम, आपकी कमर में दर्द कब से शुरू हुआ?"

श्याम बाबू से कोई उत्तर न मिलने पर डॉक्टर ने दोबारा पूछा।

"अंकल ऑपरेशन के बाद तीसरी बार इसी प्रॉब्लम से एडमिट हुआ है।" साथ आई नर्स ने कहा। छोटी-सी उम्र वाली क्रिश्चियन नर्स के शब्दों में चिंता के साथ आदर भी है। डॉक्टर श्याम बाबू का संपूर्ण चेकअप कर रहा है, पर श्याम बाबू शांत हैं। मानो उन्होंने अपनी बीमारी के साथ समझौता कर लिया है। इस बीच माताजी जाग चुकी हैं। ध्यानपूर्वक श्याम बाबू को देख रही हैं। अर्णिमा को धीरे से कहती हैं– "इनको अँग्रेज़ी समझ नहीं आती, तभी तो डॉक्टर को कुछ बताया नहीं।"

यह सुनकर थोड़ी देर पहले उत्पन्न हुए तनाव से अर्णिमा मुक्त हो गई है।

श्याम बाबू बैंक में बड़े अधिकारी हैं। इस समय तो उनका शरीर काफ़ी कमज़ोर हो चुका है। उनकी पत्नी भी हर समय पति से आँसू छुपाती है। उसके कथन अनुसार, श्याम बाबू एकदम तंदुरुस्त और रोबीले व्यक्तित्व के मालिक थे। सामान्य जीवन जी रहे थे। लड़की की शादी की तारीख़ तय हो चुकी थी, जब उनकी बीमारी का पता चला। डॉक्टरों की राय थी कि उन्हें ऑपरेशन जल्दी करवा लेना चाहिए। लेकिन श्याम बाबू चाहते थे कि बेटी के विवाह से निपटकर ही ऑपरेशन करवाएँगे, पर डॉक्टरों ने सलाह दी कि ऑपरेशन में ज़्यादा देर करना उचित नहीं है। और फिर बेटी के विवाह तक तो स्वस्थ हो ही जाएँगे। पर अब तो डॉक्टरों पर से भरोसा उठ चुका है। ऑपरेशन के बाद तीन-चार बार अस्पताल में दाख़िल होना पड़ा है। बेटी के विवाह की तारीख़ भी नज़दीक आ रही है।

यह सब सुनकर अर्णिमा निराश हो गई है। उसे याद आ रहा है, घर के गमले में लगा गुलाब का बड़ा-सा पुराना पौधा जिसके पत्ते सड़ने पर उसकी टहनियाँ उसने काट दी थी। कहते हैं गुलाब के पौधे की छँटाई-कटाई करने से पौधा और अधिक तेज़ी से बढ़ता है और अच्छी क़िस्म के फूल आते हैं। पर वह पौधा धीरे-धीरे सूखने लगा था। पता नहीं अब किस अवस्था में होगा! दिल्ली आने से पूर्व बच्चों को हिदायत देकर आई थी कि पौधों को नित्य प्रति नियम से पानी देते रहें।

आज शर्माजी भी वार्ड में भर्ती हो गए हैं। उन्हें देखकर कोई नहीं कह सकता है कि वह बीमार हैं। उनके साथ उनकी पत्नी भी है जो शर्माजी की तरह कुछ ज़्यादा ही हँसती है। उसकी छोटी-छोटी आँखें हँसते समय कुछ और सिकुड़ जाती हैं। रबर बैंड में बँधने वाले घने लंबे बाल उसकी पीठ पर फैले रहते हैं। उसने चटक रंग का सूट पहना हुआ है। होंठों पर लिपस्टिक और माथे पर चिपकी बड़ी-सी बिंदी उसके सूट से मेल खा

रही है। उसकी हील वाली चप्पल की आवाज़ वार्ड में गूँजती रहती है। साथ आए दोनों बच्चों को नर्स ने वार्ड में नहीं घुसने दिया। चारों प्राणी वार्ड के बाहर बैठ गए हैं। बच्चे रो रहे हैं। शर्माजी उन्हें प्यार से समझा रहे हैं– "बस कुछ दिनों की तो बात है, फिर हम घर वापस आ जाएँगे। घर पर दादा-दादी तो हैं न?"

शर्माजी का छोटा भाई दिल्ली में ही रहता है। पास ही खड़ा है। मिसेज शर्मा ने डबडबाई आँखों को पोंछते हुए कहा है– "चाचा आप दोनों को घर छोड़ देंगे। हाँ स्कूल रोज़ जाना। दादा-दादी का ध्यान रखना।"

शर्माजी ने बड़े बेटे की पीठ थपथपाकर कहा– "याद है न क्लास में फ़र्स्ट आने पर नई साइकिल, याद है न?"

बच्चा आँखें पोंछकर खड़ा हुआ है। अपने चाचा की उँगली पकड़कर ज़मीन की तरफ़ देखने लगा है। बाहर धूप काफ़ी तेज़ हो गई है। सब कुछ जैसे तपने लगा है। गर्म हवाएँ चलनी शुरू हो गई हैं। कुछ टूटे पत्ते हवा के साथ उड़कर कॉरिडोर में आ गए हैं। छोटा बेटा माँ को छोड़ना नहीं चाहता। उसे मनाते हुए माँ भी उसके साथ बाहर चली गई है। अब शर्माजी अकेले रह गए हैं।

अमित रात को दोस्त के घर सोने चला जाता है, अर्णिमा माताजी के बेड के साथ एक चादर बिछाकर लेट जाती है। ज़रा-सी आहट होने पर नींद खुल जाती है। जब आए थे तो काफ़ी बेड ख़ाली थे। अब धीरे-धीरे भरते जा रहे हैं। कुछ मरीज़ ऐसे हैं जिनका ऑपरेशन होना है और कुछ ऐसे हैं जो ऑपरेशन के बाद दो-तीन दिन आईसीयू में रहने के बाद यहाँ शिफ़्ट हुए हैं।

इन्हीं मरीज़ों में एक बेड पर काला-सा पतला लंबा आदमी लेटा हुआ है। बार-बार उठकर बैठता है। कुछ सोचता है और फिर लेट जाता है। उसके साथ कोई नहीं है। डॉक्टर राउंड लगाकर चले गए हैं। माताजी का हीमोग्लोबिन बहुत कम हो गया है। ख़ून चढ़ाना है। अमित परेशान है–

एक बोतल तो वह दे देगा, पर बाक़ी दो बोतल का इंतज़ाम कैसे होगा! दिल्ली में रहने वाले रिश्तेदारों से बात करनी पड़ेगी। और फिर ब्लड ग्रुप भी तो माताजी से मैच होना चाहिए। अर्णिमा ने बताया कि किसी भी ग्रुप वाला ख़ून ब्लड बैंक में जमा करने पर अपनी ज़रूरत के ग्रुप का ब्लड मिल जाएगा।

बेचैन अमित कॉरिडोर में टहल रहा है। इस बेचैनी में उसकी नज़र शर्माजी पर पड़ी जो कोने में सिर झुकाए बैठे हुए हैं। काफ़ी देर तक शर्माजी अमित को निहारते रहे। आख़िरकार अमित से उसकी परेशानी की वजह पूछ ही ली। अमित सकपका गया है। उसने शर्माजी से माताजी को ब्लड चढ़ाने की बात बताई है। शर्माजी उत्साह से उछल पड़े हैं– "यार मेरा ख़ून ले लो। बहुत ख़ून है मेरे जिस्म में।"

अमित हैरानी से शर्माजी को देख रहा है। शरीर का सारा ख़ून शर्माजी के चेहरे पर आकर इकट्ठा हो गया है।

अस्पताल तक पहुँचने के लिए एक विशाल चौराहा पार करना पड़ता है। हर तरफ़ से आने वाले रेले को कंप्यूटर लाइट कंट्रोल करती हैं। तीन तरफ़ के रेलों को रोकने पर ही चौथी तरफ़ का रेला चौराहा पार कर पाता है। अर्णिमा को इस चौराहे से बहुत डर लगता है। कहीं ये लाइट का सिस्टम फेल हो जाए तो! सचमुच कहीं ऐसा हुआ तो, इस कल्पना मात्र से ही दिल दहल जाता है। परंतु इस चौराहे को पार किए बग़ैर अस्पताल नहीं पहुँचा जा सकता। अर्णिमा जब चौराहे पर पहुँचती है तो ज़्यादातर रेड लाइट ही होती है। थ्री-व्हीलर वाले को भी जल्दी होती है, पर उसे रुकना पड़ता है क्योंकि रेड लाइट क्रॉस करने पर जुर्माना देना होता है। एक्सीडेंट भी हो सकता है। इंसान अपनी जान से भी हाथ धो सकता है। अर्णिमा का प्रयास रहता है कि उस समय अपनी आँखें बंद करके इस भीड़-भाड़ वाले चौराहे से अपना नाता तोड़ ले। आँखें बंद करने से पूर्व वह सामान वाला बैग कसकर पकड़ लेती है।

आज मीता की छोटी बहन अपने पति के साथ आई है। हाथों में गहरी मेहँदी और कलाइयों में लाल चूड़ा देखकर लगता है उसकी नई-नई शादी हुई है। उसे देखकर मीता खिल उठी है। बहन ने मीता को फूलों का गुलदस्ता भेंट किया है। बहन के दपदप करते चेहरे को देखकर मीता की आँखें कुछ और बड़ी हो गई हैं। वह बार-बार हँसती है, पर उसके मुँह से बोल नहीं निकल रहे। उसकी नवविवाहिता बहन को इस बात की कोई परवाह नहीं है कि मीता बोल क्यों नहीं रही है। इस समय उसके स्वयं के पास बातों का अथाह भंडार है। मीता उसका हाथ अपने हाथों में पकड़कर मेहँदी पर उँगलियाँ फिराती हुई बहन को निहार रही है। उसकी बहन लगातार बोल रही है। अर्णिमा ने महसूस किया है कि मीता कुछ भी सुन नहीं रही। उसकी आँखें खुली हैं, पर वह सो रही है।

जब बहन जाने लगी तो तकिए के नीचे रखे अपने पर्स में से कुछ नोट निकालकर मीता ने बहन के पति के हाथ में थमाए हैं। कुछ औपचारिक आनाकानी के बाद उसने उन्हें अपनी जेब में ठूँस लिया है। मीता का पर्स नोटों से भरा रहता है। मीता ने अर्णिमा को बताया था कि उसके नोट ख़र्च ही नहीं होते। बहन के जाने के बाद मीता ने आँखें बंद कर ली हैं और उन्हें अपने दोनों बाज़ुओं से ढक लिया है। सिर के नीचे रखा तकिया भीग रहा है।

माताजी को तीन बोतल ख़ून चढ़ा दिया गया है। अमित के मित्र ने ख़ून का इंतज़ाम कर दिया था। परंतु उनका शरीर धीरे-धीरे जवाब दे रहा है। वह अधिकांशतः चुपचाप लेटी रहती हैं। उन्होंने अख़बार पढ़ना भी बंद कर दिया है। परंतु अभी भी अर्णिमा की मदद नहीं लेना चाहतीं। टॉयलेट तक जाना भी एक थकान वाला कार्य बन चुका है। वापस आकर बिस्तर पर निढाल होकर गिर जाती हैं। हाथ धोने के लिए अर्णिमा पानी लाती है। माताजी मना कर देती हैं। कुछ देर बाद थोड़ा-सा नॉर्मल होने पर अपने बेड के पास बने वॉश बेसिन पर अपने हाथ स्वयं धो लेती हैं। अब वह

नहीं चाहतीं कि अर्णिमा किसी से बात करे। इसलिए हर समय अर्णिमा उनके पास बैठी रहती है। उन्होंने साड़ी पहनना भी बंद कर दिया है और अर्णिमा को सलाह दी है कि सारी साड़ियाँ सहारनपुर वापस भेज दे।

कमरे में माताजी का बेड खिड़की के पास है। खिड़की में जाली लगी है। बाहर ज़मीन पर कहीं-कहीं ईंटों के छोटे-छोटे टुकड़े हैं। कच्ची ज़मीन पर अमरूद का पेड़ है। वह पेड़ फलों से लदा पड़ा है। लेकिन अभी सारे फल कच्चे हैं। पकने से पहले ही लोग अमरूद तोड़कर खा लेते हैं। मीता की माँ की लाई गई व्हीलचेयर पर ही बैठकर अब माताजी वार्ड से बाहर निकलती हैं। जनरल वार्ड में आकर एक फ़ायदा और है। अब कुछ देर के लिए माताजी अकेली होती हैं तो मीता की माँ उनका ध्यान रख लेती है।

वार्ड में सभी लोग सुस्ता रहे हैं। श्याम बाबू दोनों हाथ छाती पर रखकर सपाट लेटे हैं। मरीज़ अधिकतर सपाट ही लेटते हैं। उनकी पत्नी बेड के पास रखे स्टूल पर बैठी ऊँघ रही है। उसने अपना सिर बेड पर टिका लिया है। गुटका हाथ से छूटकर ज़मीन पर गिर गया है।

मीता तकिए से टेक लगाकर बैठी है। उसके हाथ में क्रोशिया है। टीवी का कवर बुन लिया है। अब फ्रिज का कवर बनाने की तैयारी है। नींद से बोझिल आँखें बंद हो रही हैं। ऊपर-नीचे होती छाती पर रखे दोनों हाथों में क्रोशिया और उँगली में लिपटा धागा ज्यों-का-त्यों है। माँ ने बेटी के हाथों से क्रोशिया और धागा निकालने की कोशिश की है, पर वह नहीं चाहती कि उसकी नींद ख़राब हो।

घुँघराले बालों वाले पतले-दुबले व्यक्ति को पैंक्रियाज का कैंसर है। उसका ऑपरेशन होना है। उसके पास पैसे नहीं हैं। डॉक्टर से छुट्टी लेकर पैसे का इंतज़ाम करने गया है। मीता की माँ को माताजी का ध्यान रखने के लिए कहकर अर्णिमा बाहर निकल गई है। पास वाले वार्ड में शर्माजी पत्नी के साथ किसी बात पर ठहाके लगा रहे हैं। ठहाके के पीछे छिपे खोखलेपन को उनकी पत्नी भी समझ नहीं पा रही है। अर्णिमा को देखकर

मुस्कराई है। बाहर कॉरिडोर में अमित उसका इंतज़ार कर रहा है। फ़र्श पर लेटे व्यक्तियों के चेहरे दिखाई नहीं दे रहे। ज़्यादातर लोगों ने अपने चेहरे बाज़ुओं से ढक रखे हैं। अर्णिमा जब भी कॉरिडोर में बाहर आकर बैठती है, उसे लोग सोए हुए मिलते हैं। वह इन लोगों में से किसी को भी नहीं पहचानती।

माताजी का मन आज बहुत बेचैन है। काफ़ी दिनों से अमर देव जी अस्पताल नहीं आए हैं। ध्यान आया कि आज सुबह से बालों में कंघी भी नहीं की है। अर्णिमा भी नज़र नहीं आ रही। साइड वाले स्टूल के ऊपर रखे बैग में से कंघी निकालकर बालों में फेरनी शुरू कर दी है! हाथ काँप रहे हैं, चोटी बनाना मुश्किल हो गया है। मीता की माँ मदद करने आ पहुँची है। बेड के पीछे खड़े होकर माताजी के बालों को अपने हाथों में समेटकर उनके हाथ से कंघी ले ली है। मायादेवी संकोचवश मना कर रही हैं। मीता की माँ का कहना है कि वह ख़ुद को उनकी छोटी बहन मानती है। और छोटी बहन से थोड़ी-बहुत मदद लेने में कैसा संकोच! मीता की माँ बड़े प्यार से हौले-हौले नरम सफ़ेद बालों में कंघी फिरा रही है। आज मायादेवी को अपनी छोटी बहन जानकी की बहुत याद आ रही है।

छोटी बहन ने बहुत सेवा की है। माताजी का बार-बार बीमार पड़ना और छोटी बहन का सेवा करना। अपने घर के साथ-साथ बहन का घर भी सँभाला। बच्चों को कभी माँ और मौसी में कोई अंतर समझ नहीं आया। घर में सबसे छोटी होने के कारण जानकी बचपन से ही लाड़ली और लापरवाह रही। बँटवारे के बाद पति की वकालत न के बराबर ही रही। एक ही शहर में होने के कारण अमर देव जी उस परिवार की हर परेशानी में साथ खड़े रहे। पति अपनी सारी वकालत घर में ही झाड़ते रहे, हर समय अपने बड़प्पन को झाड़ना उनकी दिनचर्या में शामिल हो गया था। जानकी

के साथ बात-बात पर झगड़ना और बच्चों को बेबात पीटना सामान्य-सी बात हो गई थी। अमर देव जी ने समझाने की बहुत कोशिश की, परंतु वह अपनी आदत से मजबूर थे।

बच्चे होनहार हैं। दिल से आदर-मान देते हैं। जानकी ने अपने पति की भी कम सेवा नहीं की। कई साल बीमारी की वजह से बिस्तर पर पड़े रहे।

मायादेवी को अपने पति पर गर्व हो आया है। वह अपने आप को ख़ुशक़िस्मत मानती हैं। ज़िंदगी में यदि किसी बात से परेशान हैं तो अपनी बीमारी से। पर हिम्मत से झेला है उन्होंने। मायादेवी को अमर देव से बस एक ही शिकायत रही है कि वह हर समय काम में व्यस्त रहते हैं। घर की कोई समस्या सामने रखती हैं तो हँसकर टाल जाते हैं। उनका मानना है कि समय के साथ सब ठीक हो जाएगा। न चाहते हुए भी आँखों में आँसू आ गए हैं और ऐसा पहली बार हुआ है। वह नहीं चाहतीं कि उनके आँसू कोई देखे। जबरन खिड़की से बाहर देखने लगी हैं। अमरूद के पेड़ पर कोई बेल लिपटनी शुरू हो गई है।

सुबह के दस बज रहे हैं। डॉक्टर राउंड लगाकर चले गए हैं। समूचा अस्पताल फ़िनाइल की गंध से महक रहा है। खाना वाली ट्रॉली नाश्ता बाँटकर चली गई है। दीनू और उसकी बहन वार्ड के पीछे वाले आँगन में बैठकर नाश्ता कर रहे हैं। उनकी माँ को बोन कैंसर है। पिता का साया तो बचपन में ही उठ गया था, अनपढ़ माँ ने मेहनत-मज़दूरी करके तीन बच्चों का पेट पाला। दो जून की रोटी का इंतज़ाम हो जाए यही ग़नीमत थी, ऐसे में स्कूल जाना तो दूर की बात थी। हाँ इतना ज़रूर था कि तीनों भाई-बहन थोड़ा-बहुत लिखना-पढ़ना सीख गए थे। बड़ा होने के कारण दीनू समय से पहले समझदार हो गया और काम की तलाश में जुट गया। छोटे भाई को गली-मोहल्ले में गुल्ली-डंडा खेलने से फ़ुरसत नहीं मिलती थी। बहन ने सात साल की छोटी-सी उम्र से घर का चूल्हा-चौका सँभाल लिया था। माँ को घर के कामकाज से फ़ुरसत मिली तो वह फ़ैक्ट्री में ओवरटाइम करने

लगी। 'कुछ पैसे जुड़ जाएँ तो बेटी के हाथ पीले करने के काम आएँगे। बेटियाँ जल्दी बड़ी हो जाती हैं।'

दीनू को भी एक बर्तन की दुकान पर नौकरी मिल गई थी। रेहड़ी पर बर्तन रखकर दिनभर शहर के चक्कर लगाता। बिक्री के आधार पर ही उसे प्रतिदिन भुगतान होता। यह कोई स्थायी काम नहीं था। कभी-कभी तो ख़ाली हाथ भी वापस आना पड़ता था। वह चाहता था उसकी आमदनी बढ़ जाए तो माँ का बोझ कुछ कम हो जाए। उसे ओवरटाइम न करना पड़े। लेकिन कुछ समय से माँ बीमार रहने लगी थी और उसका गोरा मुख मुरझाने लगा था। कपड़े ढीले होते जा रहे थे। काम पर जाने की हिम्मत भी नहीं हो पाती थी, अक्सर छुट्टी लेने लगी थी। न कुछ खाती थी, न कुछ पीती थी। उसकी बढ़ती बीमारी ने तीनों को चिंता में डाल दिया था। डॉक्टर के पास जाने की बात होती तो माँ का बहाना होता था कि डॉक्टर और दवाइयों पर पैसा फ़ज़ूल ख़रचने की ज़रूरत नहीं है, अपने आप ठीक हो जाऊँगी। बेटा मन मारकर चुप ही रह जाता। दाल-रोटी का इंतज़ाम तो हो ही रहा था।

और एक दिन तो बेहोश होकर गिर पड़ी। सरकारी अस्पताल में भर्ती करवा दिया गया। दो दिन बाद ही डॉक्टर ने दिल्ली के बड़े अस्पताल में भेज दिया था। तीनों भाई-बहन माँ को लेकर दिल्ली आ गए थे। किराया न दे पाने की वजह से मकान मालिक ने घर के सामान के साथ ही खोली अपने क़ब्ज़े में ले ली थी। आस-पास से थोड़ा-सा पैसा उधार लेकर यहाँ पर आ गए थे। माँ का खाना अस्पताल से ही मिलता था। उसका खाना-पीना तो लगभग न के बराबर हो गया था। जो भी मिलता तीनों भाई-बहन मिलकर खा लेते थे। दीनू को यही चिंता रहती थी कि अगर खाने की ट्रॉली वापस चली गई तो सब भूखे रह जाएँगे। दीनू की माँ मरना नहीं चाहती।

दीनू को वार्ड से बुलावा आया है। भाई के हाथ में 10 का नोट थमाकर बोला– "हाथ सँभालकर ख़रचना, समझ रहा है न ठीक से!"

भाई ने लापरवाही से सिर हिलाकर हामी भर दी है।

जैसे ही दीनू वार्ड में दाख़िल हुआ नर्स उसकी माँ के पास खड़ी थी। उसे देखकर गुस्से में बोली– "कहाँ चला जाता है मैन, किसी को तो पेशेंट के साथ होना माँगता है!"

तभी माँ के अशक्त हाथों ने उसे थाम लिया। माँ के इशारे से समझ गया कि गुड्डो के विषय में पूछ रही है।

"गुड्डो छोटे के साथ बाहर है, चिंता मत कर।" बेटे की बात सुनते ही माँ के शरीर का तनाव समाप्त हो गया है और उसने अपना कमज़ोर शरीर ढीला छोड़ दिया है। उसका चेहरा एक ओर लुढ़क-सा गया है। आँखों से टपकती आँसू की बूँदें तकिया गीला कर रही हैं। माँ ने आँसू पोंछने का प्रयास नहीं किया।

"ऐ मैन, जल्दी से इंजेक्शन लेकर आओ, मरीज़ को लगाने को माँगता, हरी अप।"

पड़ोस वाले मरीज़ को इंजेक्शन लगाने के बाद ख़ाली हुई शीशी और सीरिंज पास पड़े डस्टबिन में फेंककर अपनी जेब से दवाई की पर्ची निकालकर दीनू को थमा दी।

"सिस्टर, माँ की तबीयत कैसी है?" दीनू ने झिझकते हुए नर्स से पूछा, जो दूसरे मरीज़ की बाँह में सुई लगाने की तैयारी कर रही थी।

वह दीनू की ओर अपना चेहरा घुमाते हुए बोली– "अरे बाबा शाम को डॉक्टर आएगा उससे पूछ लेना, अभी जाओ माँ के वास्ते दवाई लेकर आओ। अरे हमारा मुँह को क्या ताकता है?" और फिर उसकी माँ की बाँह पर थपथपाते हुए वह पूछती है– "अम्मा जी कैसी हैं?"

माँ के सूखे होंठों पर एक हल्की-सी मुस्कराहट उभरी और विलीन हो गई। उसकी आँखें छत पर हल्की गति से चलते हुए पंखे पर टिक गई हैं। दीनू की बहन बर्तन धो रही है। दीनू उसे माँ के पास वार्ड में जाने की हिदायत देकर दवाई लेने चला गया है। बहन सारा दिन माँ के पास बैठी

रोती रहती है। उसके कपड़े जगह-जगह से फटने लगे हैं। वो अपने आप को एक चिकन के दुपट्टे में लपेटे रहती है। दीनू सुबह-सवेरे चौराहे पर जाकर खड़ा हो जाता है। कभी-कभी उसे भी दिहाड़ी मिल ही जाती है।

अभी-अभी वार्ड में एक गर्भवती युवती आई है। शरीर पीला पड़ा चुका है। बेहोश है। उसके साथ उसके माँ-बाप, पति और ससुर हैं। पति और ससुर चाय के लिए कैंटीन की तलाश कर रहे हैं। माँ सुबक रही है और पिता इधर-उधर चहलक़दमी कर रहे हैं। युवती का भाई उसके पास है। डॉक्टर ने युवती को पीलिया बताया है। वह बिगड़ चुका है। उसकी हिदायत के अनुसार काफ़ी ख़ून की आवश्यकता है। उसकी व्यवस्था करने की भी हिदायत है। यह सुनकर भाई सकते में है। यहाँ परदेश में कौन है जो ख़ून देगा! भागा-भागा वह ब्लड बैंक जाता है। उन्हें अपना एक कार्ड दिखाता है– कार्ड रेडक्रॉस सोसाइटी का है। अब तक वह हर वर्ष अपना और अपने जानने वालों का लगभग तीस बोतल ख़ून दान कर चुका है। वह सुखद आश्चर्य से उछल पड़ता है जब ब्लड बैंक से उस कार्ड के एवज़ में आवश्यकता के अनुसार ख़ून उपलब्ध कराने का आश्वासन मिलता है। आँखें बंद करके वह कार्ड को चूमता है। और जेब में रखकर वार्ड की ओर दौड़ता है। बाहर बैठे पति और ससुर को कोई परवाह नहीं है। उन्हें पता है युवती एक लड़की को जन्म देने वाली है।

समय मानो रुक गया है। पर मायादेवी का मन तीव्र गति से भाग रहा है। जब इंसान का शरीर रुक जाता है तो मन कुछ अधिक गतिमान हो जाता है। मायादेवी को लग रहा है कि उनका मन बेक़ाबू हो गया है। वापस सहारनपुर अपने शहर पहुँच जाना चाहती हैं। सहारनपुर का वह घर जो उनका अपना है जिसे उन्होंने ख़ुद बनाया है, सजाया है और सँवारा है। उस घर के चप्पे-चप्पे पर उनके सुघड़ गृहिणी होने की छाप है। इससे पहले जिस घर में रहती थीं, जहाँ पर ससुर और देवर थे, वहाँ कुछ सीमाएँ निश्चित होती थीं। पर अपने घर को उन्होंने अपनी इच्छानुसार विस्तार दिया था। फिर भी अपने परिवार की सीमा रेखा का उल्लंघन उन्होंने कभी नहीं किया।

उनके घर में एक कुत्ता है, जिसे उन्होंने अपने बच्चों की तरह ही पाला है। वह उससे बहुत प्यार करती हैं। एक यज्ञशाला भी है जहाँ वह प्रतिदिन यज्ञ करती हैं। रोज़ सुबह-शाम संध्या भी करती हैं। घर में सीढ़ियाँ हैं जिन पर अपनी सुविधा के अनुसार उतर-चढ़ सकती हैं। वह घर की बड़ी हैं, जो अपने से छोटों को आदेश दे सकती हैं। घर की खिड़कियों पर उन्होंने कभी पर्दे लगाना पसंद नहीं किया। दरवाज़े और अलमारियों पर कभी ताले नहीं लगाए। वह दुनिया को अपने नज़रिये से देखती हैं। पर उन्हें यह क़तई पसंद नहीं कि कोई उनकी सोच पर अपनी सोच थोपना चाहे।

वह लोगों को अवसर नहीं देतीं कि वो उनकी आलोचना कर सकें। बड़े बेटे की शादी में दहेज नहीं लिया। छोटे बेटे ने शादी अपनी मर्ज़ी से

की। उन्होंने घर में विरोध जताया, लड़ी-झगड़ीं। अमर देव जी को उसके लिए ज़िम्मेदार बताते हुए ताने कसतीं, परंतु बाहर वालों की बातों का मुँहतोड़ जवाब देतीं। हर इंसान को परखने के लिए उनकी अपनी अलग कसौटी है, उस कसौटी पर कसने के बाद ही वह किसी के साथ संबंध रखने में विश्वास करती हैं। अन्यथा मुँह पर मना कर देती हैं। उनकी अपनी एक दुनिया है जिसे वह छोड़ना नहीं चाहतीं।

अमर देव जी किसी के घर नहीं जाते। सारी रिश्तेदारी मायादेवी को ही निभानी पड़ती है। आस-पड़ोस में भी मायादेवी ही जाती हैं। कहीं कथा-कीर्तन हो, शादी-ब्याह हो या फिर रसम-पगड़ी हो, हर जगह वही जातीं। अपने दूर के रिश्तेदारों के सुख-दुख में भी अवश्य पहुँचती रही हैं मायादेवी। सेहत चाहे साथ दे या न दे। फिर भी उनका प्रयास रहता है कि विवाह आदि समारोह में बहुएँ ही चली जाएँ। पर उनके मना करने पर वहाँ भी जाने से पीछे नहीं हटतीं। ये सब वह अपना कर्तव्य समझकर ही करती हैं। परंतु अपने घर जैसी सुख-शांति और आराम उन्हें कहीं नहीं मिलता। यह उनका मानना है। वह सोचती रहती हैं कि बहुत दिन हो गए घर से बाहर आए हुए, अब घर लौट जाना चाहिए। सूरज ढल रहा है। पंछियों के झुंड शोर मचाते हुए अपने घरों की ओर लौट रहे हैं।

मायादेवी चाहती हैं कि उनका ऑपरेशन जल्दी से हो जाए। उन्हें अपने घर वापस लौटने की जल्दी है। अमित बीच-बीच में घर आते-जाते रहता है। मायादेवी बच्चों का हालचाल पूछती रहती हैं। उन्हें देखना चाहती हैं। परंतु बच्चों के पेपर चल रहे हैं।

माताजी का टेंपरेचर अब 102 डिग्री से ज़्यादा रहने लगा है। बेचैनी बढ़ने लगी है, लेकिन आस-पास होने वाली घटनाओं की पूरी जानकारी रखती हैं। साथ वाले वार्ड में भर्ती पीलिया पीड़ित गर्भवती युवती की हालत चिंताजनक बनी हुई है। भाई भागदौड़ कर रहा है। ब्लड चढ़ाया जा रहा है। उसकी माँ हर समय रोती रहती है। मीता की माँ उसकी हिम्मत बढ़ाती

रहती है। उसका मानना है कि ईश्वर सबकी सुनता है। उसे विश्वास है ऊपरवाले की कृपा से मीता भी इस भयंकर बीमारी से छुटकारा पा लेगी, जिसके कारण उसे बार-बार अस्पताल में भर्ती होना पड़ता है।

आज सुबह घुँघराले बालों वाला व्यक्ति लौट आया है। उसकी हालत ठीक नहीं है। हाथ-पैर काँप रहे हैं। बेड पर निढाल पड़ा है।

आज डॉक्टर ने माताजी को बता दिया था कि उनके ऑपरेशन की डेट एक-दो दिन के लिए आगे बढ़ा दी गई है। माताजी के बीमार चेहरे पर तनाव बढ़ गया है। देखकर डॉक्टर ने समझाया कि घुंघराले बालों वाले मरीज़ और शर्माजी का ऑपरेशन पहले करना पड़ रहा है, क्योंकि उनकी अधिक इमरजेंसी है। यह सुनकर मायादेवी का तनाव से भरा चेहरा जैसे मासूमियत के साथ मुस्करा उठा है– "बेटा, मेरा क्या है, मेरी तो उम्र हो गई है जाने की। उन जवान बच्चों का इलाज पहले होना चाहिए।"

यह सुनते ही न चाहते हुए भी डॉक्टर मुस्करा उठा है। उसकी आँखों में करुणा और प्रशंसा के मिले-जुले भाव उभर आए हैं।

वार्ड में बच्चों के आने की मनाही है। सब हैरान हैं एक दस-ग्यारह साल की बच्ची को वहाँ देखकर। साँवले रंग वाली चुलबुली-सी, घुटनों से ऊपर फ्रॉक पहनी हुई वह लड़की। उसके पास एक गुड़िया है जिसे वह हर समय अपने पतले बाज़ुओं में भींचकर रखती है। गुड़िया का सिर और धड़ छोटा और टाँगें बहुत लंबी हैं। बच्ची गुड़िया को उठाकर जब चलती है तो गुड़िया की लटकती टाँगें मानो हरकत करने लगती हैं। डॉक्टर और नर्सें उसके साथ प्यार से बात करते हैं। मरीज़ और उनके रिश्तेदारों पर बात-बात पर बरसने वाले डॉक्टर उसके लिए चॉकलेट और गिफ़्ट लाते रहते हैं। उनका यही प्रयत्न होता है कि बच्ची उदास न हो। अर्णिमा को यह व्यवहार समझ नहीं आया।

क़ीमती पोशाकें पहनने वाली लड़की धुआँधार अँग्रेज़ी बोलती है। वार्ड में हर व्यक्ति को हाय-हैलो बोलती है। कंधे तक लटकते उसके घुंघराले

बाल लाल-सुनहरे हैं। वह नंगे पाँव घूमती है। सिस्टर की डाँट-फटकार का उस पर कोई असर नहीं होता। प्रत्युत्तर में वह ज़ोर से खिलखिलाकर हँस देती है। एक उन्मुक्त अल्हड़-सी बच्ची पर प्यार आने के बावजूद उसके प्रति स्टाफ़ का व्यवहार देखकर अर्णिमा को बेहद ग़ुस्सा आता है। डॉक्टर या नर्स की बेहद नज़दीकी है तभी तो हरदम यहाँ-वहाँ घूमती रहती है। इस विषय में अस्पताल की अथॉरिटीज़ से बात अवश्य करेगी। बच्ची को देखकर अर्णिमा को बच्चों की याद आने लगी है। इन दिनों बच्चों के पेपर हो रहे हैं। अर्णिमा निश्चिंत है– एक तो पढ़ाई में अच्छे हैं और फिर उनकी चाची भी उनका अच्छे से ध्यान रखती है।

मायादेवी को घर की बहुत याद आ रही है। घर का कमरा जो कहने को उनका कमरा है, छोटा-सा मगर साफ़-सुथरा और हवादार है। सफ़ाई उन्हें हमेशा से पसंद रही है। घर के किसी भी कोने में धूल का एक भी क़तरा नहीं, मकड़ी का कोई जाला नहीं। दो पलंगों के अलावा कमरे में एक शोकेस है जिसमें बोन चाइना की चटक रंगों वाली दो तितलियाँ हैं। दो गाएँ और लंबी टाँगों वाले दो सारस सजे हुए हैं। अमर देव जी बेंगलुरु से विशेष रूप से ख़रीदकर लाए थे। एक छोटी-सी अलार्म घड़ी है। लकड़ी के कवर में क़ैद। एकदम सही समय बताने वाली। अमर देव जी का बिस्तर शोकेस के साथ है। उन्हें शोकेस में सजावट के सामान की ज़्यादा भीड़-भाड़ पसंद नहीं। पर अब उस शोकेस में दवाइयों की भीड़ बढ़ने लगी है।

सामने वाली दीवार पर अमर देव जी और मायादेवी की तस्वीर है। तस्वीर में दोनों युवा हैं– दमकते चेहरे, चमकदार आँखें और सलीक़ेदार कपड़े। हर वर्ष मायादेवी इस फ़ोटो फ्रेम को खोलकर अंदर-बाहर हर तरफ़ साफ़-सफ़ाई करती हैं। लकड़ी की लंबी-सी भारी भरकम दीवार घड़ी भी है जिसका पेंडुलम हर समय डोलता रहता है। टन-टन की उसकी ध्वनि समय का भान कराती है। अमर देव जी का कहना है कि पचास वर्ष पुरानी यह घड़ी कभी ख़राब नहीं हुई। उन्हें पुरानी चीज़ों के पुख़्तापन पर गर्व है। मायादेवी के कमरे में परदे नहीं हैं। उन्हें लगता है कि पर्दे लगाने से कमरे में घुटन हो जाती है। लेकिन हाँ, उनके बेटों के कमरों में पर्दे लगे हुए हैं जिनका रंग गहरा है। मायादेवी के पलंग के साथ एक खिड़की है जो बाहर लॉन में खुलती है।

लॉन में गेंदा, गुलाब, रजनीगंधा और दूसरे कई फूलों के पौधे हैं। मायादेवी को सूरजमुखी के फूलों से विशेष लगाव है। सूरज की ओर चेहरा करके खिलने वाले फूल हवा के झोंके के साथ नृत्य करते हुए सूरज का अभिवादन करते हैं। बहुओं के लाख चाहने पर भी कैक्टस घर में नहीं लगाने दिया उन्होंने, भले ही कैक्टस कितना भी ख़ूबसूरत क्यों न हो। उनका मानना है कि ऐसा पौधा जीवित नहीं होता जिसको नित्य पानी देने की आवश्यकता ही न हो। चौरस लॉन में छोटी-छोटी हरी दूब करीने से कटी रहती है। ऐसा लगता है मानो हरे रंग का कालीन बिछा हो। प्रतिदिन शाम को तक़रीबन दो घंटे मायादेवी इस लॉन में गुज़ारतीं। पौधों को पानी

देतीं और पौधों के पास उग आए खरपतवार को उखाड़कर फेंक देतीं। पौधों की कटाई-छँटाई करना और गुलाब की क़लमें काट-काटकर नए गमलों में लगाना उन्हें बहुत अच्छा लगता है।

बाउंड्री वॉल के साथ उगे यूकेलिप्टस के पेड़ बहुत लंबे हो गए हैं। तेज़ आँधी में कभी-कभी लगता है गिर ही जाएँगे। मंद-मंद हवा चलने पर डोलते ये पेड़ कुशल नृत्यांगना जैसे लगते हैं। इनकी भाव-भंगिमाएँ मोहने वाली होती हैं। मायादेवी जी को शिकायत है अपनी बहुओं से। वो अक्सर सोचती रहती हैं कि उनकी बहुओं के पास किट्टी पार्टियों में जाने का समय तो है, पर लॉन की देखभाल करने का उन्हें टाइम नहीं मिलता। पता नहीं इस घर को कब अपना घर समझेंगी! आख़िरकार घर को तो उन्होंने ही सँभालना है। मैं कब तक बैठी रहूँगी इनके सिर पर!

मायादेवी के बदन का तापमान बढ़ गया है। नर्स ने थर्मामीटर मुँह में ठूँस दिया है। इस समय माताजी के साथ अमित है। नर्स ने उसे माताजी के माथे पर ठंडे पानी की पट्टी रखने को कहा है। मायादेवी ने ध्यान से देखा– अमित का गोरा रंग कुछ ही दिनों में धुँधला गया है। अस्पताल का लॉन गेंदे और गुलाब के फूलों से लदने लगा है। परंतु लॉन के एक कोने में लगे बोर्ड पर बड़े-बड़े काले अक्षरों में लिखा है– फूल तोड़ना मना है।

इमरजेंसी वार्ड के बाहर अचानक पुलिस की हलचल बढ़ गई है। पुलिस की गाड़ियाँ और उनके पीछे काफ़ी तादाद में एंबुलेंस खड़ी हैं। अफ़रा-तफ़री का माहौल है। न्यूज़ चैनल वाले अपने कैमरे और माइक लेकर इधर-उधर घूम रहे हैं। एंबुलेंस से बाहर निकालकर स्ट्रेचर पर रखे जा रहे घायलों से पूछताछ करने की मानो होड़ लग गई है। हर कोई चाहता है कि बेहोश होने या मरने से पहले स्ट्रेचर पर लेटा घायल व्यक्ति उसे हादसे के विषय में कुछ विस्तार से आँखों देखी बता दे ताकि उसका चैनल सबसे पहले इस न्यूज़ को ब्रेक कर सके। अर्णिमा को रुकना पड़ा है। वार्ड तक जाने का रास्ता इमरजेंसी से होकर जाता है। और यह रास्ता ब्लॉक

है। शहर के भीड़भाड़ वाले इलाक़े में बम विस्फोट हुआ है। जो लोग इस हादसे से बाल-बाल बच गए हैं उनकी आँखों में ख़ौफ़नाक सन्नाटा पसरा हुआ है। कुछ तमाशबीन लोग अपना फ़ोटो टीवी में आ जाने के लालच में प्रत्यक्षदर्शियों के आस-पास जमघट बनाकर खड़े हो गए हैं। उनके चेहरों पर हादसे के दुख की जगह टीवी पर दिखने की प्रसन्नता के अलावा और कुछ नहीं है।

अर्णिमा सोच रही है– कब तक इन मुट्ठी भर आतंकवादियों की गंदी सोच और कारनामों के कारण निर्दोष लोगों की जान जाती रहेगी! भावशून्य डॉक्टर और नर्सें घायलों के इलाज में जुट गए हैं। उनके लिए ये कोई नई घटना नहीं है। ज़िंदा लाश और मुर्दा देखने की उन्हें तो आदत ही हो गई है। जगह-जगह ख़ून के छींटे बिखरे पड़े हैं, जिन्हें आने-जाने वाले अपने पैरों से रौंदकर इंसानी ख़ून की बेक़दरी कर रहे हैं। डूबता हुआ सूरज इस समय सुर्ख़ है। उसके आस-पास छिटके रंग आज कुछ ज़्यादा ही भयावह लग रहे हैं। अर्णिमा किसी तरह से रास्ता बनाते हुए वार्ड की तरफ़ भागी है। बहुत देर हो चुकी है। पता नहीं माताजी का क्या हाल हो रहा होगा, वो तो घबरा ही गई होंगी!

तभी एक परिचित चेहरा देखकर वह ठिठक जाती है। उसके माथे पर हल्का-सा चोट का निशान है। चेहरे पर आश्चर्य मिश्रित भाव लिए सुधा पुकार रही है। अर्णिमा को अपनी बाँहों में भरते हुए बोलती है– "मैं फिर बच गई।" उसकी आँखों से बहते आँसू अर्णिमा के कंधों को भिगो रहे हैं।

अर्णिमा के बचपन की सहेली थी सुधा, जिसने युवावस्था में कैंसर जैसे भवावह रोग से जंग लड़ी थी। सुधा तो जीत गई परंतु उस युद्ध में उसने अपनी माँ को असमय खो दिया। अपनी संतान के दर्द को माँ शायद झेल नहीं पाई। बम ब्लास्ट हुआ तो सुधा उसी स्थान पर थी, बस थोड़ी-सी दूरी पर। अर्णिमा इस समय सुधा को बस महसूस कर रही है। उसके पास शब्द नहीं हैं कुछ भी कहने के लिए।

शर्माजी की माँ ने उनके लिए बेसन के लड्डू बनाकर भेजे हैं। उन्हें बहुत पसंद हैं। ख़ासकर माँ के हाथ के बने हुए लड्डू। शर्माजी लड्डू खाना चाहते हैं पर खाने की इच्छा नहीं हो रही। उसकी भूख तो मानो मर-सी गई है। पति-पत्नी बाहर लॉन में बैठे हैं। कल शर्माजी का ऑपरेशन है। दोनों ख़ुश हैं। एक हफ़्ते बाद अस्पताल से छुट्टी हो जाएगी। हाथ में पकड़ा लड्डू शर्माजी खाने के लिए बार-बार मुँह तक ले जाते हैं, मगर पत्नी से छिपाकर हाथ में दबा लेते हैं। पत्नी उनसे बच्चों के प्रति माँ की लापरवाही की शिकायत कर रही है। इस बात से अनजान कि शर्माजी लड्डू नहीं खा रहे हैं। मुट्ठी में बंद लड्डू चूरा होकर हाथ से फिसलने लगा है। शर्माजी पत्नी के चेहरे को ध्यान से देख रहे हैं। छोटी आँखें, मोटे होंठ, भद्दी-चपटी नाक। शर्माजी को समझ में नहीं आ रहा है कि अस्पताल में इतने गहरे रंग की लिपस्टिक लगाकर आने की क्या ज़रूरत है! उसकी भारी आवाज़ मानो फटा बाँस हो। शर्माजी हैरान हैं, शादी के बीस सालों में उन्होंने अपनी पत्नी को आज पहली बार इतने ध्यान से देखा है।

पत्नी लगातार बोल रही है। लोगों की कमी निकालना उसकी पुरानी आदत है। पत्नी के मज़ाक़ में उसका साथ देने वाले शर्माजी को आज उस पर बेहद ग़ुस्सा आ रहा है। उनका शरीर कमज़ोर होता जा रहा है। पर चाहकर भी पत्नी को कुछ कह नहीं पा रहे हैं। शर्माजी चाहते हैं कि उनके दोनों बेटे ख़ूब पढ़-लिखकर ऊँचे ओहदे पर पहुँच जाएँ। बड़ा बेटा इस साल दसवीं की परीक्षा देगा। उन्हें उससे काफ़ी उम्मीदें हैं। बीमारी के कारण शर्माजी ने लंबी छुट्टी ली है। चाहते हैं कि अस्पताल से छुट्टी होने के बाद घर जाकर बेटे को ख़ुद पढ़ाएँ। उनका गणित बहुत अच्छा है। सामने दीवार पर चींटियों का एक क़ाफ़िला पंक्तिबद्ध होकर ऊपर चढ़ रहा है। शर्माजी अक्सर बच्चों को नेपोलियन का उदाहरण देते हैं कि उसने किस प्रकार चींटियों की कर्मठता और अनुशासन से प्रेरणा ली थी।

तभी किसी ने चींटियों की क़तार पर पानी डाल दिया है। सारी चींटियाँ पानी में बह गई हैं।

घुँघराले बालों वाले व्यक्ति सोमनाथ ने पैसे का इंतज़ाम कर लिया है। वह व्यक्ति किसी पुर्ज़े बनाने वाले कारख़ाने में काम करता है। वह एक अनुभवी मिस्त्री है। अपने यार-दोस्तों के साथ बैठकर शराब पीने की लत पड़ गई थी उसे। डॉक्टरों का कहना है कि उसे पैंक्रियाज में कैंसर है। ऑपरेशन होगा। उसने तो हमेशा यही सोचा कि शरीर भी एक मशीन है जो चलाने वाले के हिसाब से चलती है। अनुभवी मैकेनिक समझ जाता है कि मशीन का कौन-सा पुर्ज़ा ख़राब है। पर अपने शरीर के अंदर पनप रही ख़राबी को वह जाने क्यों नहीं समझ पाया। अस्पताल में उसका मन नहीं लग रहा। उसे शोर में रहने की आदत पड़ चुकी है। उसका दिन मशीनों के शोर से शुरू होता है। शोर बंद होने का मतलब है दिन का ख़त्म हो जाना। अस्पताल में व्याप्त अजीब रहस्यमय सन्नाटा पता नहीं कब किसका शिकार कर लेता है और दिन ख़त्म हो जाता है, थोड़े-से दबे-दबे शोर के साथ। उसे दुख है कि उसकी थोड़ी-सी जमा-पूँजी उसके अपने बीवी-बच्चों के काम न आ सकेगी। सारी उसकी बीमारी पर ख़र्च हो जाएगी। बीवी के लिए दिवाली पर नई साड़ी और बच्चे का बड़े स्कूल में एडमिशन कैसे संभव हो पाएगा! वह अपनी बीमारी के लिए ख़ुद को दोषी मानता है। उसने ठान लिया है ठीक होने के बाद वह अब कभी शराब को हाथ नहीं लगाएगा।

फ़िलहाल वह यहाँ पर अकेला है। ऑपरेशन वाले दिन उसकी पत्नी यहाँ पर आएगी। बच्चों को पड़ोसियों के पास छोड़ना पड़ेगा। उसके

बच्चे अभी छोटे हैं। सोमनाथ अपने माता-पिता की इकलौती संतान है। माँ बताती थी कि वह केवल छह महीने का ही था जब उसके पिता का एक्सीडेंट में देहांत हो गया था। माँ ने मेहनत-मज़दूरी करके उसे पाला था। माँ की सेहत कभी ठीक नहीं रही। किसी तरह शरीर को चला रही थी। बेटे की नौकरी लगते ही बिस्तर पकड़ लिया था उसने। बिरादरी की लड़की ढूँढ़कर सोमनाथ का विवाह रचा दिया था। वह चाहती थी कि घर सँभालने वाली घर आ जाए। बहू ने भी सास की जी-जान से सेवा की, लेकिन पोता-पोती का मुँह देखने से पहले ही स्वर्ग सिधार गई। विरासत में बेटे को एक कमरे और आँगन वाला छोटा-सा घर दे गई जो कच्चा था। सोमनाथ ने धीरे-धीरे उस पर प्लास्टर करवा दिया। फ़र्श पक्का करवाया और लकड़ी के दरवाज़े और खिड़कियाँ बनवाईं। घर में गैस का चूल्हा, पंखा, पलंग और साइकिल सब कुछ है। पत्नी सुंदर है। ख़ाली समय में आस-पड़ोस वालों के कपड़े सिलाई कर लेती है। घर की कमाई बढ़ गई है। सोमनाथ मना करता है, परंतु पत्नी कहती है कि काम करने से कोई छोटा नहीं हो जाता, और फिर घर में दो पैसे फालतू थोड़े ही आते हैं, वो तो बच्चों के काम आएँगे।

कमज़ोरी के कारण सोमनाथ पर बेहोशी छा रही है। पत्नी दिन-रात कपड़े सीने में लगी है। बच्चे उससे ज़्यादा पैसे माँग रहे हैं। पत्नी मशीन से सिर उठाए बग़ैर बच्चों को पैसे दे रही है। उसके पैर बिना थके लगातार मशीन चला रहे हैं। पत्नी के हाथ मशीन में एक ओर से कपड़े डाल रहे हैं और दूसरी ओर से निकल रहे हैं। घर में बिना सिले हुए कपड़ों का अंबार लग गया है। कपड़ों के बढ़ते अंबार में पत्नी और सिलाई मशीन छिप गए हैं। सोमनाथ का दम घुटने लगा है। उसने घबराकर आँखें खोल दी हैं। सामने पत्नी खड़ी है। आधा चेहरा घूँघट में छिपाए वह अपने पति की हालत देख रही है, उसकी आँखों में आँसू उमड़ आए हैं। सोमनाथ मुस्कराने की व्यर्थ कोशिश कर रहा है।

सुबह के आठ बज रहे हैं। शर्माजी और सोमनाथ का ऑपरेशन है। सुबह से दोनों ख़ाली पेट हैं। पानी पीने की भी मनाही है। शर्माजी बार-बार पानी माँग रहे हैं। उन्हें सुबह ख़ाली पेट पानी पीने की आदत है। ऑपरेशन थिएटर सातवीं मंज़िल पर है। यह अस्पताल की सबसे ऊपरी मंज़िल है। सारे मरीज़ों को लिफ़्ट से ऊपर ले जाया जाता है। ऑपरेशन थिएटर के साथ बने कमरे में मरीज़ों को रखा जाता है जहाँ ऑपरेशन की तैयारी की जाती है। एक साथ चार ऑपरेशन किए जा सकते हैं। शर्माजी और सोमनाथ को लेने वार्डबॉय व्हीलचेयर लेकर आए हैं। पर दोनों पैदल चलकर ही ऑपरेशन थिएटर तक गए हैं। वार्ड के बाहर चार मरीज़ थे जिनमें से दो पहले ही पहुँच चुके हैं। एक वृद्ध महिला है जिसको स्तन कैंसर है, दूसरा युवा व्यक्ति है जो निढाल है। उसने अपने आपको व्हीलचेयर पर ढीला छोड़ रखा है। उसकी आँखें बंद हैं। उसके फेफड़ों में इन्फ़ेक्शन है। वृद्ध महिला के साथ उसका पति है, जो व्हीलचेयर को छोड़कर दीवार से सटी बेंच पर बैठ गया है। उसकी साँस फूल रही है। उसके हाथ में एक पानी की बोतल है जिससे वह घूँट-घूँट पानी पी रहा है। वृद्ध महिला हिम्मत करके व्हीलचेयर को पति के पास ले जाती है। अपने हाथों से पति की पीठ धीरे-धीरे सहलाने लगती है। युवा व्यक्ति के साथ उसकी पत्नी है, जिसका गोरा चेहरा उस समय मुरझाया हुआ है। उसके काले लंबे बालों से बनाया जूड़ा बार-बार खुल रहा है, जिसको बार-बार लापरवाही से लपेटकर चेहरे पर आए पसीने को साड़ी के पल्लू से पोंछ रही है। निढाल पति को एकटक निहार रही है। थोड़ी-थोड़ी देर के बाद व्हीलचेयर के हैंडल पर झुककर अपने पति को सीधा कर रही है। कुछ कहना चाहती है अपने पति से, पर वह आँखें नहीं खोल रहा है।

वार्डबॉय मरीज़ों को लेने आ पहुँचा है। सब मरीज़ ऑपरेशन थिएटर के साथ लगे कमरे में जाकर गुम हो गए हैं। मरीज़ों के अलावा कोई अंदर नहीं जा सकता।

शर्माजी की पत्नी बच्चों के साथ बैठी हुई है। बच्चों के हाथ में आइसक्रीम है। पिघलने से पहले वो उन्हें ख़त्म कर देना चाहते हैं। पर आइसक्रीम पिघलकर कोहनियों तक बह गई है। माँ ने रुमाल दिया है पोंछने के लिए! शर्माजी की पत्नी अपने बिखरे बालों में कंघी करने लगी है। सुबह से तो शर्माजी के ऑपरेशन की तैयारी हो रही है, मानो कोई बच्चा तैयार होकर स्कूल जा रहा है। उसने अपने बालों को सँवारने के बाद बेटे को कैंटीन भेजकर एक कप चाय मँगवाई है। बच्चे अपने साथ घर से माँ के लिए आलू के पराठे बनवाकर लाए हैं। उनका चाचा ऑपरेशन थिएटर के बाहर बैठकर ऑपरेशन ख़त्म होने की प्रतीक्षा कर रहा है।

बच्चों ने माँ से पूछा है– "माँ, पापा ठीक हो जाएँगे न?"

"हाँ-हाँ ठीक हो जाएँगे।" पराठे खाने में व्यस्त शर्माजी की पत्नी ने लापरवाही से जवाब दिया है।

बच्चों ने दोबारा पूछा है– "माँ, ऊपर वाली मंज़िल पर जाएँ? हम भी चाचा के साथ बैठकर पापा के ऑपरेशन ख़त्म होने का इंतज़ार करेंगे।" इस पर इशारे से माँ ने अनुमति दे दी है। नाश्ता करने के बाद वह थोड़ा सुस्ताना चाहती है। आज सुबह की आपाधापी से बहुत थक गई है। और इतना सब करने की आदत भी तो नहीं है उसकी।

सोमनाथ की पत्नी का पल्लू सिर से खिसक गया है। वह अपने पैर कुर्सी पर रखकर बैठी हुई है। घुटनों को अपने दोनों बाज़ुओं के घेरे में रखकर अपना सिर उस पर टिका दिया है। आज उसने सुबह से कुछ नहीं खाया है। पति की बहुत चिंता हो रही है। उसकी आँखों से बहते आँसुओं से घुटने भीग रहे हैं। उसने गाँव से अपने भाई को बुलाया है। फ़सल काटने के दिन हैं फिर भी वह सारा काम छोड़कर आया है। उसके अलावा बुलाती भी तो किसको! उसके माँ-बाप तो वृद्ध हैं और कहीं आने-जाने लायक़ नहीं हैं। सोमनाथ के परिवार में और कोई नहीं है जो इस परेशानी में यहाँ पर आ सकता। ऐसे में उसकी पत्नी को ससुराल में किसी बड़े का

न होना खल रहा है। वह जानती है कि होश में आने पर सोमनाथ उसके भाई को देखकर बहुत नाराज़ होगा। वह अपनी पत्नी के परिवार वालों को ज़्यादा पसंद नहीं करता। बल्कि कभी-कभी तो उनका अपमान भी कर देता है। लेकिन क्या किया जाए, मजबूरी है। भाई के आ जाने से वह निश्चिंत हो गई है। पति की सलामती के लिए मंत्र बुदबुदाने लगी है जो गाँव के पहुँचे हुए पंडित ने उसे दिए थे। जैसे-जैसे दिन चढ़ रहा है तापमान भी बढ़ रहा है। सोमनाथ की पत्नी भूखी है। उसे चक्कर आ रहे हैं। वहीं शर्माजी की पत्नी पराठे खाने के बाद ख़ाली पड़ी बेंच पर पैर पसारकर सो चुकी है। उसकी नाक बज रही है।

मीता और माताजी का ऑपरेशन कल सुबह होगा। दोनों को ब्लड चढ़ेगा। हीमोग्लोबिन काफ़ी कम हो गया है। अर्णिमा परेशान है। अमित अपने दोस्त के घर से अभी तक वापस नहीं आया है। नर्स बार-बार ब्लड के लिए पूछ रही है। माताजी को ख़ून जल्दी चढ़ाना है। मीता को चढ़ना शुरू हो गया है। उसके भाई ने ब्लड दिया है।

माताजी आज उत्साह से भरी हुई हैं। नहाने के समय उन्होंने अपने सिर को भी धोया है। उनका कहना है कि ऑपरेशन के बाद कई दिन तक सिर नहीं धो पाएँगी। अर्णिमा ने उनके गीले बालों को तौलिए से हल्के-हल्के सुखाया है। बालों में कंधी फेरकर खुला छोड़ दिया है। उसने सोचा है कि सूख जाने पर चोटी गूँथ देगी। आज वार्ड में चहल-पहल है। मीता की माँ अपना समान पैक कर रही हैं।

ऑपरेशन के लिए सातवीं मंज़िल पर ही शिफ़्ट होना पड़ता है। अस्पताल की सार्वजनिक लिफ़्ट अधिकतर ख़राब रहती है या फिर इतनी व्यस्त कि काफ़ी देर तक प्रतीक्षा करनी पड़ती है। डॉक्टर तो हर थोड़ी देर बाद दवाई की पर्ची थमा देते हैं। सातवीं मंज़िल से ऊपर-नीचे आना-जाना बहुत मुश्किल भरा काम है। माताजी ने अर्णिमा को हिदायत दी है कि वह अपना समान अच्छी तरह से देख-भाल कर इकट्ठा करना शुरू कर दे।

माताजी के बेड की चादर और तकिए का गिलाफ़ बहुत मैला लग रहा है। आज दूसरा दिन है। चादर बदली नहीं गई। नर्सें भी लापरवाह हैं। उनका मानना है कि मरीज़ के साथ आया हुआ व्यक्ति ही उनके हिस्से का काम भी करे। नर्सें किसी का अपमान करने में कोई कसर नहीं छोड़तीं। डॉक्टर भी आए दिन नर्सों की बातों में आकर मरीज़ के रिश्तेदार को धमकी देते रहते हैं। मरीज़ के साथ आए व्यक्ति की अस्पताल में अपनी तो पहचान नहीं बचती, केवल फलाँ बेड नंबर के रिश्तेदार के अलावा।

अर्णिमा ने अपना सामान समेटना शुरू कर दिया है। कई अख़बार इकट्ठे हो गए हैं। अस्पताल में भी माताजी प्रतिदिन अख़बार मँगवाती हैं। ये अलग बात है कि कमज़ोरी के कारण पिछले कई दिनों से पढ़ नहीं पाई हैं। अब तो अर्णिमा को भी ख़ास ख़बरें पढ़कर सुनाने को नहीं कहतीं। उनका शरीर सिकुड़ता जा रहा है। कपड़े ढीले हो रहे हैं और मुँह में अपने दाँतों का सेट भी नहीं लगातीं। अर्णिमा ने उनका दाँत का सेट और चश्मा ब्रीफ़केस में सँभालकर रख दिया है।

सुबह के छह बज रहे हैं। माताजी आज प्रात: पाँच बजे ही उठ गई थीं। उन्होंने अपने हाथों की चूड़ियाँ और कानों की बालियाँ उतारकर अमर देव जी को पकड़ा दी हैं। अमर देव जी रात को ही दिल्ली आ गए थे। उन्हें देखते ही माताजी के मुरझाए चेहरे पर रौनक़ आ गई। एक क्षण के लिए तो लगा कि वो बिलकुल स्वस्थ हैं। उन्होंने पति को नज़र भर के देखा और अर्णिमा से बोलीं– "तेरे पिताजी कमज़ोर हो गए हैं।" यह कहकर उनके शरीर का ऊपर से लेकर नीचे तक मुआयना किया।

अमर देव जी संतुष्ट हैं। उनके कपड़े साफ़, धुले और ठीक से प्रेस किए हुए हैं। जूते पॉलिश हैं। जब उन्होंने हाथ पोंछने के लिए जेब से रुमाल निकाला तो उसे देखकर मायादेवी का माथा सिकुड़ गया। अमर देव जी को अपने पास बुलाकर धीरे से पूछा– "आज रुमाल नहीं बदला क्या?" अमर देव जी के हामी भरने पर घर में कपड़े धोने वाली महरी को कोसने लगीं– "बढ़िया सर्फ़ इस्तेमाल करने पर भी कपड़ों का ये हाल है। ज़्यादा छूट दे रखी है।"

अमर देव जी ने उन्हें चुप करवाने के लिए उनके हाथ पर अपना हाथ रख दिया है। मायादेवी दर्द से कराह उठी हैं। ब्लड चढ़ाने के लिए जो सुई हाथ में लगाई गई थी, उसे निकालकर उस नली के ऊपर ढक्कन लगा दिया है। अब ऑपरेशन के समय उसी को ग्लूकोज़ और दवाई चढ़ाने के लिए इस्तेमाल किया जाएगा।

अर्णिमा कॉरिडोर में खड़ी चाय पी रही है। सामने से दीनू और उसकी बहन को आते देख अमित ने उन्हें चाय के लिए पूछा है। दीनू का थका-हारा चेहरा, बढ़ी दाढ़ी और छोटी-छोटी आँखें कुछ कह रही हैं। आज वह कुछ ज़्यादा ही अजीब लग रहा है। उसने ना-नुकर किए बिना चाय के साथ पराठा भी खा लिया है। उसकी आँखों में तृप्ति का भाव देखकर अमित और अर्णिमा संतुष्ट हो गए हैं। भाई-बहन उदास हैं, क्योंकि बीती रात उनकी माँ गुज़र गई और उसका शव मॉर्चरी में है। उसे गाँव ले जाने के लिए एंबुलेंस वाला 1,500 रुपये माँग रहा है। अस्पताल में कुछ लोगों ने उसकी कुछ मदद की है, फिर भी 100 रुपये कम पड़ रहे हैं। अमित ने 200 रुपये दीनू के हाथों में रखकर कहा है– रास्ते में कुछ खा लेना। नोट पकड़ते ही दीनू रोने लगता है और अपनी भाषा में लाखों दुआएँ देता है। अपनी बहन का हाथ पकड़कर जाते दीनू के कपड़े कुछ ज़्यादा ही मैले लग रहे हैं। उसके कपड़ों में से आ रही पसीने की गंध अभी भी वातावरण में फैली हुई है। दीनू की जाली वाली मैली टोपी जगह-जगह से फट गई है, जिसमें से बालों की लटें बाहर निकल रही हैं।

आसमान में काले बादल छाए हुए हैं। ठंडी मगर तेज़ हवा चल रही है। किसी दैत्य की तरह पसरे सन्नाटे को चीरती हुई साँय-साँय की आवाज़ कभी-कभी बड़ी भयानक लगती है। बड़े-बड़े पेड़ अपना अस्तित्व बचाने के लिए जी-जान से कोशिश कर रहे हैं। आँधी में तब्दील होती ठंडी हवा जब थमती है तो ज़मीन पर गिरने वाली बारिश की बूँदें मोटी होती जाती हैं। कई बड़े-बड़े पेड़ टूटकर गिर चुके होते हैं। साबुत बचे पेड़ों से गिरे पत्ते यहाँ-वहाँ बिखर जाते हैं, जिन्हें बटोरकर कूड़ेदान में फेंक दिया जाता है।

अर्णिमा ऑपरेशन थिएटर के बाहर वाले छोटे-से कॉरिडोर में बैठी है। माताजी का ऑपरेशन चल रहा है। अमर देव जी चहलक़दमी कर रहे हैं। अमित बालकनी से बाहर देख रहा है। तेज़ हवा के थपेड़े उसके चेहरे पर पड़ रहे हैं, पर वो इससे बेख़बर एकटक सामने दूर तक फैले मैदान

को देख रहा है। कुछ छोटे-छोटे बच्चे खेल रहे हैं। कच्ची मिट्टी सूखकर धूल के ग़ुबार में बदल गई है। ये ताक़तवर ग़ुबार सब कुछ अपने साथ उड़ाकर ले जाना चाहता है। लेकिन, अपने साथ ले जाने के लिए वह क्या-क्या समेट रहा है कुछ पता नहीं चलता। पेड़ों के टूटे पत्ते, रद्दी काग़ज़, कूड़ा-कचरा और जाने क्या-क्या। ज़मीन के चारों ओर जब कोई बाउंड्री नहीं होती है, तो धूल का ग़ुबार अपने साथ सब कुछ समेटकर किसी भी दिशा में कूच कर जाता है और यह सब इतना अचानक होता है कि कोई समझ नहीं पाता।

अमित इस आँधी से बचना तो चाहता है, पर थककर बैठना नहीं चाहता। उसके बाल, आँखें और कपड़े धूल से सने हैं। अमित को लगता है कि वह इस आँधी से बचने के लिए बैठ गया तो दिमाग़ ऑपरेशन थिएटर के अंदर चला जाएगा। वह अपने दिमाग़ को अंदर जाने से रोकना चाहता है। वह किसी संभावित अनिष्ट का सामना करने से घबरा रहा है। पर किसी भी अनिष्ट को कभी कोई रोक नहीं पाया है। माताजी हमेशा कहती हैं– "होनी को कौन रोक पाया है, इसलिए घबराना नहीं चाहिए। अपने कर्मों का फल हर इंसान को भोगना पड़ता है। और स्वयं को धर्म का ठेकेदार समझने वाला कोई धर्मगुरु पाप-कर्म से मुक्ति का उपदेश देता है तो घोर पांखडी होता है। सो बस प्रभु से शक्ति माँगनी चाहिए, जिससे मुसीबत का सामना धीरज के साथ किया जा सके।"

माताजी ने अपने बच्चों की जन्म-कुंडली नहीं बनवाई थी। वह ग्रहों और ज्योतिष में कोई विश्वास नहीं करती हैं। प्रतिदिन यज्ञ करने वाली मायादेवी का मानना है कि यज्ञ के धुएँ से तन-मन और वातावरण की शुद्धि होती है। भोपाल में गैस त्रासदी के समय उन्होंने अख़बार में पढ़ा था कि एक परिवार उन दिनों प्रतिदिन यज्ञ करता था। उस परिवार को किसी भी बीमारी ने नहीं जकड़ा। घर में बच्चों से लेकर बड़ों तक को उन्होंने बार-बार इस ख़बर को पढ़कर सुनाया। बीमारी के चलते बिस्तर पकड़ने

के कारण लाचार हो गई थीं, पर बहुओं से प्रतिदिन यज्ञ करवाती थीं। और पास में फ़ोल्डिंग बेड बिछाकर ख़ुद उस पर लेट जाती थीं। संध्या तो ऑपरेशन थिएटर के अंदर जाने से पहले भी करके आई थीं। उन्हें डर है कि इस परंपरा को बहुएँ निभा पाएँगी या नहीं! वह चाहती हैं कि कम-से-कम तीज-त्योहारों और बच्चों के जन्मदिवस के अवसर पर तो हवन अवश्य हो और घर में होने वाले सारे शुभकार्य यज्ञ के माध्यम से ही हों।

अचानक ही हवा चलनी बंद हो गई है। मोटी-मोटी बूँदें धरती पर पड़ने लगी हैं।

मीता के माता-पिता को उसके भाई का इंतज़ार है। उसके बिना ये लोग स्वयं को असहाय महसूस करते हैं। पिता तो बहुत ही कमज़ोर हैं, पतले-दुबले, लंबे, सफ़ेद दाढ़ी, खिचड़ी बाल, झुकी हुई कमर और मिचमिचाती आँखें। उनकी आवाज़ में कँपकँपाहट है। वो अस्पताल में कम ही आते हैं। माँ भी गठिया के कारण थोड़ा-सा लँगड़ाकर चलती है, पर बेटी की देखभाल में कोई कसर नहीं छोड़ती। बेटी का अस्पताल में दाख़िल होना तो अब आम बात हो गई है, पर ऑपरेशन पहली बार हो रहा है। इस समय भी उसके हाथ में क्रोशिया है। टाइम बिताने के लिए मीता के द्वारा शुरू किया ड्रेसिंग टेबल कवर बुन रही है। पर उसके हाथ एक-दो फंदे डालने के बाद रुक जाते हैं। आँखों को बंद करके दीवार के सहारे सिर टिकाकर बैठ जाती है या फिर क्रोशिया एक तरफ़ रखकर घुटनों को अपने हाथों से दबाने लगती है। दोनों के चेहरों की झुर्रियाँ चिंता के कारण कुछ अधिक ही गहरा गई हैं।

माँ को अपनी बेटी की शादी न हो पाने का मलाल है। मीता पढ़ाई में सदा से अव्वल रही है, जीवन में कुछ करना चाहती थी। सबसे बड़ी संतान होने के कारण घर में उसे सभी से प्यार और सम्मान मिलता था। उसका मोहक व्यक्तित्व किसी को भी अपनी ओर आकर्षित करने में सक्षम था। बीस वर्ष की थी जब उसके स्वास्थ्य में गिरावट आने लगी थी। उसने

हिम्मत नहीं हारी थी। बार-बार अस्पताल के चक्कर लगाने के बावजूद उसकी पढ़ाई सुचारु रूप से चलती रही। जिस दिन मीता की सरकारी नौकरी लगी थी, माँ ने लड्डू बाँटे थे और मीता की ख़ुशी का तो कोई ठिकाना ही नहीं था। सारा दिन बुलबुल-सी चहकती रही थी। शाम को उसकी सहेलियाँ उसे बधाई देने घर आई थीं। हँसते-खेलते हुए ही मीता की तबीयत अचानक ख़राब हो गई थी और उसे अस्पताल ले जाया गया। डॉक्टर ने पहली बार सच से पर्दा हटाया था। जानलेवा बीमारी का नाम सुनते ही सब दहशत में आ गए थे। माँ का तो रो-रोकर बुरा हाल था। सारे दिन की ख़ुशी मीता की आँखों से आँसुओं के रूप में बह निकली थी।

मीता की माँ आज भी उस दिन का याद करके सिहर जाती है। मीता ने हमेशा सबके सामने मुस्कराने की चेष्टा की थी। माँ को अपनी बेटी अचानक ही बड़ी लगने लगी थी। गर्व हो आया था बेटी पर। मीता की माँ ने आँसू पोंछकर पति को देखा। उनकी आँखें बंद हैं, हाथ रह-रहकर काँप उठते हैं। होंठ कुछ बुदबुदा रहे हैं। आँखों के कोनों तक आकर ठहरे हुए आँसू सूख चुके हैं। ऑपरेशन ख़त्म होने में अभी कुछ समय शेष है। मीता की माँ भी आँखें बंद करके होंठों में कुछ पाठ करने लगी है। पास किसी मंदिर में लगातार घंटे बजने की आवाज़ आ रही है।

ऑपरेशन के बाद डॉक्टर ने अमित को बताया कि माताजी का कैंसर आमाशय से बढ़कर लीवर और पैंक्रियाज को भी प्रभावित कर चुका था। अतः प्रभावित हिस्सों को काटना पड़ा है। अमित इस ख़बर से दुखी है, पर पिता के सामने चुप है। वैसे भी पिताजी कुछ ज़्यादा ही थके हुए लग रहे हैं। बार-बार कहने पर भी उन्होंने खाना नहीं खाया है। डॉक्टर थोड़ी देर बाद उन्हें आईसीयू में शिफ़्ट कर देंगे।

बाहर तेज़ धूप निकल आई है। चुभने वाली धूप के छोटे-छोटे टुकड़े अस्पताल में कहीं भी घुसने की कोशिश कर रहे हैं। इस जलाने वाली धूप से बचने के लिए बार-बार लोग अपना स्थान बदलने लगे हैं। पेड़ों से गिरे हुए पत्ते कॉरिडोर में जगह-जगह फैले हैं। आँधी-बारिश के बाद अस्पताल में गंदगी फैल गई है। सफ़ाई कर्मचारी सफ़ाई में जुट गए हैं। साथ ही लोगों की भीड़ भी बढ़ने लगी है। अमित को भीड़ से डर लगता है फिर भी वह जानता है कि इंसान चाहे कितना ही भीड़ से बचने को कोशिश करे, लेकिन एक-न-एक दिन तो उसे भीड़ का हिस्सा बनना ही पड़ता है। जहाँ उसकी अपनी पहचान समाप्त हो जाती है। इस अस्पताल में ज़िंदा, मुर्दा, ज़िंदगी से जूझते-घसीटते, रोते-हँसते जाने कितनी तरह के इंसान हैं। सब एक-दूसरे के पास होते हुए भी कितनी दूर हैं। अस्पताल जैसे स्थान पर आने के पश्चात ही ज़िंदगी का महत्त्व समझ आता है।

मरते दम तक इंसान का जिस्म ज़िंदगी को अपने कंधों पर ढोता है। ठीक उस मोमबत्ती की तरह जो पिघलने की अंतिम सीमा तक अपने को रोशन रखती है।

एक वृद्धा है जो दो व्यक्तियों का सहारा लेकर आ रही है। उसकी त्वचा मानो शरीर से अलग होकर नीचे ढलक रही है। हाथ-पाँव की उँगलियाँ बुरी तरह से टेढ़ी होकर बेतरतीब मुड़ गई हैं। नर्स बता रही थी कि यह वृद्धा अपने जीवन की अंतिम साँसें गिन रही है। अमित ने ध्यान

से देखा, वृद्धा अपने आप को घसीट रही है। धूल-मिट्टी से भरा दिन अब शांत होकर ढलने लगा है।

धीरे-धीरे बत्तियाँ जलने लगी हैं। डॉक्टर राउंड लगाकर चले गए हैं। रात का खाना बाँटने वाली ट्रॉलियाँ इधर-उधर घूमने लगी हैं। दीनू से मिलती-जुलती सूरत वाला एक दुबला-पतला व्यक्ति ट्रॉली के साथ मानो दौड़ रहा है। अर्णिमा लिफ़्ट के सामने खड़ी है। लिफ़्ट को नीचे से ऊपर सातवीं मंज़िल पर पहुँचने में बहुत समय लगता है। माताजी को देखने आईसीयू में आई थी, परंतु डॉक्टर ने बिना पास दिखाए अंदर नहीं जाने दिया। उसे नीचे जाने की जल्दी है। सारा सामान नीचे से ऊपर शिफ़्ट करना है। पता नहीं माताजी को कितने दिन आईसीयू में रहना पड़ेगा। वैसे भी अर्णिमा को लिफ़्ट में सफ़र करने से डर लगता है। जाने कब बीच राह ख़राब होकर फँस जाए। अर्णिमा कभी भी लिफ़्ट के अंदर लगे बटनों की कार्यशैली समझ नहीं पाई और न ही समझने की कोशिश की। लेकिन अब लिफ़्ट का प्रयोग अधिक करना पड़ेगा।

लिफ़्ट से जाने वालों की भीड़ बढ़ती जा रही है। एक दूसरी लिफ़्ट भी है, परंतु उसे डॉक्टर, नर्सें और अन्य स्टाफ़ ही प्रयोग कर सकता है। एक लिफ़्ट छठी मंज़िल से ही वापस चली जाती है। सातवीं मंज़िल तक कम लोगों का ही आना हो पाता है। प्रतीक्षा के बाद अर्णिमा सीढ़ियों से नीचे जाने के विषय में सोच ही रही है कि लिफ़्ट आ पहुँची है। भीड़ ने अर्णिमा को लिफ़्ट के भीतर धकेल दिया है। अर्णिमा अपने चेहरे पर उभर आया पसीना पोंछना चाहती है, पर हाथ ऊपर करने की जगह नहीं है। एक झटके से लिफ़्ट नीचे खिसकने लगी है। एक-दूसरे से दूरी बनाए रखने की कोशिश में लोग अपने में सिमटते जा रहे हैं। पर शरीर की बढ़ती अपरिचित सीमाओं से नहीं जूझ सकते। अपने शरीर की सीमाओं से अनजान इंसान उसकी रक्षा नहीं कर पाता। शरीर में पनप रही बीमारी जब बढ़कर अपनी सीमाएँ लाँघने लगती है तो स्थिति नियंत्रण से बाहर हो जाती है।

अर्णिमा को लग रहा है उसका दम घुट जाएगा। लोगों से भरी लिफ़्ट में कहीं बाहर से हवा आने का रास्ता भी तो नहीं है। विज्ञान की तरक़्क़ी हवा के रास्ते धीरे-धीरे बंद करती जा रही है। वक़्त की बचत का उपाय ढूँढ़ता इंसान इस क़दर सुविधा-केंद्रित होता जा रहा है कि वो अपने शरीर को थोड़ा-सा भी कष्ट नहीं देना चाहता। ऐसी घुटन में भी अर्णिमा को एक संन्यासी का कथन याद आ रहा है। इंसान को अपनी सीमाओं को समझकर अपनी प्राण-शक्ति और इंद्रियों को वश में करने का प्रयास करना चाहिए। प्राणों को वश में करने के पश्चात उसके आधार पर हर साँस की अवधि बढ़ाई जा सकती है। साँसें तो हर इंसान के पास गिनती भर की ही होती हैं। ज़िंदगी की आपाधापी में अपनी साँसें गिनने की फ़ुरसत किसके पास है! परंतु इन्हीं साँसों का गणित गड़बड़ाने से सब कुछ ख़त्म हो जाता है।

अर्णिमा की साँसें तेज़ चल रही हैं। दिल कुछ ज़्यादा ज़ोर से धड़कने लगा है। माथे पर आया पसीना अब आँखों के किनारों से होता हुआ गालों पर बहने लगा है। इस समय उसे यह नहीं लग रहा कि वह अस्पताल में है। वह जिस भीड़ से घिरी हुई है वहाँ लोग अपने पाँव ज़मीन पर जमाने की कोशिश में एक-दूसरे के ऊपर गिर रहे हैं। उसका संतुलन भी लगातार बिगड़ रहा है। साँसों की गर्मी और कपड़ों की सरसराहट वातावरण की उमस को बढ़ा रही है।

अर्णिमा को इस समय माताजी, बच्चे, अमित, डॉक्टर, अस्पताल कुछ भी याद नहीं है। इंतज़ार है तो बस लिफ़्ट रुकने का। वह इस घुटन के चक्रव्यूह को तोड़कर बाहर निकलने के सिवाय कुछ नहीं चाहती। लोग स्थिर हैं। लिफ़्ट चल रही है। अचानक झटके के साथ लिफ़्ट का दरवाज़ा खुल गया है। दूसरी मंज़िल पर वार्ड नंबर दो के सामने है। लोगों की तंद्रा भंग हो गई है। वे फ़र्श पर गिरे पॉपकॉर्न के टुकड़ों को पैरों से रौंदते हुए लिफ़्ट से बाहर निकलने लगे हैं। अर्णिमा की चाल की गति भी बढ़ गई है।

सारे विस्मृत कैरेक्टर एक-एक करके उसके मस्तिष्क में प्रवेश करने लगे हैं। उसका सिर भारी होने लगा है। सहसा पास में स्थित किसी कारख़ाने में बजर बज उठा है। सामने से वार्डबॉय छोटी बच्ची को हाथों में उठाए आ रहा है। बच्ची निढाल है। उसकी टाँगें और भुजाएँ बेजान-सी झूल रही हैं।

माताजी को आईसीयू में शिफ़्ट कर दिया गया है। आईसीयू सातवीं मंज़िल पर ही है। शीशे के पार्टिशन से बँटे छोटे केबिन हैं। हर केबिन में एक बेड है। माताजी का बेड नंबर पाँच है। इस वार्ड में पास के बिना कोई भी प्रवेश नहीं कर सकता। हर मरीज़ के साथ उसके परिजन के लिए एक पास रखा जाता है जिसे दिखाकर ही उसका कोई एक परिजन आईसीयू में मरीज़ के पास जा सकता है।

अर्णिमा सारा सामान ऊपर ले आई है, परंतु आईसीयू में दवाई के अलावा कुछ नहीं रख सकते। माताजी के भाई-बहन उन्हें देखने आए हैं। अर्णिमा बेड के साथ रखे रैक पर सामान लगा ही रही है कि माताजी की छोटी बहन आईसीयू में आ पहुँची है और उसके पीछे-पीछे डॉक्टर भी है। मरीज़ के साथ दो लोगों को देख तमतमाता हुआ डॉक्टर बाहर निकल गया है।

डॉक्टर ने अपने केबिन में जाकर बेड नंबर पाँच के साथ आए अटेंडेंट को फ़ौरन बुलाया है। माताजी की छोटी बहन सारे घटनाक्रम से अनजान बेड के साथ रखे स्टूल पर बैठ गई हैं। उनका भारी-भरकम शरीर स्टूल के चारों ओर लटकने लगा है। उन्होंने अपनी बहन के चेहरे को ध्यान से देखा है ! माताजी अभी भी पूरी तरह से होश में नहीं आई हैं। बहन निश्चिंत होकर इधर-उधर दृष्टि दौड़ाने लगी हैं। ज़्यादातर मरीज़ माताजी के साथ ही यहाँ शिफ़्ट हुए हैं। रिश्तेदार उनके होश में आने की प्रतीक्षा कर रहे हैं।

मीता का बेड माताजी के साथ ही है। मौसी जी ने मीता की माँ से बात करने की कोशिश की, पर उसकी नज़रें आस-पास से बेख़बर अपनी बेहोश बेटी के चेहरे पर टिकी हुई हैं। उसके हाथ अपनी बेटी के बालों को

सहला रहे हैं। साड़ी के पल्लू से बार-बार अपने चेहरे पर उभर आए पसीने को पोंछती है! उसकी आँखों में गहरी उदासी है। हर समय मुस्कराने वाली मीता इस समय गहरे दर्द से कराह रही है। छत पर तीव्र गति से घूमता हुआ पंखा भी इस समय हवा नहीं दे रहा है।

माताजी को होश आ गया है। चेहरे पर दर्द गहरा आया है, परंतु आँखों में विशेष चमक है। उन्हें ग्लूकोज़ चढ़ रहा है। मीता को भी होश आ गया है, पर वह अभी निढाल है। उसकी पतली गर्दन पर मोटे-मोटे टाँके लगे हुए हैं जो देखने में किसी हद तक भद्दे दिखाई दे रहे हैं। सामने वाले बेड पर जो मरीज़ है उसकी गर्दन के साथ एक मशीन लगी हुई है, जिससे वह साँस ले रहा है। मशीन के साथ लगे दो गुब्बारे जैसे बैग कभी फूलते हैं तो कभी पिचकते हैं। साथ वाले स्टूल पर उसकी पत्नी बैठी हुई है। उसकी कलाई में सजा हुआ सुहाग का चूड़ा बता रहा है कि उसका हाल ही में विवाह हुआ है। चूड़ा रह-रहकर खनक उठता है। नवविवाहिता के घूँघट से आधे ढके चेहरे पर गहरी उदासी छाई हुई है।

इसी आईसीयू में शर्माजी भी हैं। पत्नी से कुछ पूछना चाहते हैं, पर वह अपने होंठों पर लिपस्टिक लगा रही है। उसके हाथ में एक छोटा-सा शीशा है। शर्माजी ने अपने माथे पर आए पसीने को हाथ से पोंछना चाहा है। परंतु वहाँ पर ग्लूकोज़ चढ़ाने की सुई लगी हुई है। दर्द उनके चेहरे पर फैल गया है। उल्टी लटकी बोतल में से बूँद-बूँद ग्लूकोज़ पतली-सी ट्यूब के ज़रिए शरीर में प्रवेश कर रहा है! नर्स बार-बार सबको हिदायत दे रही है कि पूरी तरह से ख़ाली होने से पहले बोतल को बदलना आवश्यक है। स्टूल पर बैठे सब लोगों की निगाहें अपने मरीज़ से हटकर ग्लूकोज़ की बोतलों पर टिक गई हैं।

शर्माजी ने अब कुछ देर के लिए बैठना शुरू कर दिया है। पर माताजी चाहकर भी उठ नहीं पा रही हैं। बेड के सिर वाले हिस्से को हैंडल से ऊपर उठाकर अर्णिमा ने उनके बालों में कंघी करके चोटी गूँथ दी है! उनके

जोश और उत्साह को देखकर अर्णिमा हैरान है। वह घर के सब सदस्यों का हाल-चाल पूछ रही हैं। डॉक्टर ने डरा ही दिया है। उनके हिसाब से पेट का कैंसर शरीर के दूसरे अंगों में भी फैल गया है। माताजी ने अपने साथ वाले बेड पर लेटी मीता को बड़े ध्यान से देखा है। उसकी हालत पर उन्हें तरस आ रहा है। मीता को आवाज़ देती हैं, पर न तो मीता उनकी आवाज़ सुन पा रही है और न ही साथ बैठी अर्णिमा। माताजी की नाक में एक नली लगी है। प्लास्टर का टुकड़ा जिस पर बेड नंबर पाँच लिखा है उनके माथे पर चिपका दिया गया है। उनके हाथ और पैर सूजकर मोटे हो गए हैं! माथा छूकर देखा। तप रहा है। तेज़ बुख़ार है।

नर्स ठंडे पानी की पट्टी माथे पर रखने की सलाह देकर चली गई है। माताजी बेचैन हैं। बार-बार अपनी छाती पर हाथ फेर रही हैं। उन्हें लग रहा है उनके अंदर कुछ नहीं है। सब काटकर बाहर निकाल दिया गया है। लेकिन वह संतुष्ट हैं। अब वह जल्दी ही घर वापस लौट सकेंगी। वह जागना चाहती हैं, पर ताप अंदर तक पहुँच रहा है और बुख़ार से आँखें बंद हो रही हैं।

आईसीयू के साथ वाले वार्ड में शिवनारायण हाय-तौबा मचा रहा है। सबका ध्यान अपनी ओर आकर्षित करना चाहता है। सूखा शरीर, लंबा-पतला चेहरा, चेहरे से बाहर उबलती हुईं बड़ी-बड़ी आँखें। वो आँखें अपनी पत्नी को टटोल रही हैं, परंतु कांता अपने पति की हाय-तौबा से अनजान उसका बिस्तर ठीक करने में व्यस्त है। नारायण बेचैन है, करवट बदलना चाहता है, परंतु दर्द से कराह उठता है। कमर के नीचे रखी रबर की ट्यूब से उसका बदन रगड़ खाकर दुख रहा है। दो महीने से बिस्तर पर पड़े रहने से बेड सोर हो गए हैं। ज़्यादा शराब पीने से आँतें गल चुकी हैं। काफ़ी बड़ा ऑपरेशन हुआ है, परंतु अभी तक पूरी तरह से ठीक न होने के कारण अस्पताल से छुट्टी नहीं मिली है।

कांता के अनुसार, सौ किलो वाले रोबदार शिवनारायण से उसके

गाँव वाले भी ख़ौफ़ खाते थे। अपनी पंचायत का मुखिया था। पंचायत में सुनाए गए उसके फ़ैसलों का दूर-दराज़ गाँवों तक कोई सानी नहीं था। आज सुबह बच्चे अपने दादा-दादी के साथ अस्पताल आए थे, पर बच्चों को वार्ड के भीतर आने की अनुमति नहीं मिली। खिड़की से अपने पापा को देखकर बाहर से ही वापस चले गए। बच्चों के जाने के बाद कांता ने शिवनारायण को बताया कि बच्चों की गाँव में ठीक-ठाक ढंग से देखभाल नहीं हो पा रही है। बेटा तो कई दिन से स्कूल ही नहीं जा रहा और बेटी को भी बार-बार बुख़ार चढ़ जाता है। अम्मा बता रही थी कि बच्चे सहमे-सहमे रहते हैं। ठीक से खाते-पीते नहीं हैं। इतना-सा मुँह निकल आया है इनका।

वार्ड के लोग कांता को सलाह दे रहे हैं कि डॉक्टर से बात करके शिवनारायण के लिए दर्द की गोली लिखवा लाए, परंतु कांता को लगता है पति को शराब की लत परेशान कर रही है। वह रोते हुए पति को ही कोस रही है। पास से गुज़रती अर्णिमा ने देखा, शिवनारायण की मोटी-मोटी आँखों से आँसू छलक आए हैं। लेकिन वो लगातार चिल्ला रहा है। उसकी चिल्लाहट में कांता के रोने की आवाज़ दबकर रह गई है।

शिवनारायण अब सो चुका है। वह तब तक चिल्लाता रहा जब तक कांता ने बोलना बंद नहीं कर दिया। उसे कोई दवा लेने की आवश्यकता नहीं पड़ी।

आज माताजी के कपड़े बदलने हैं। अर्णिमा के हाथ में नर्स एक सफ़ेद रंग की आधे बाज़ू वाली क़मीज़ पकड़ा गई है। उसे बटनों की जगह फीते से बंद कर दिया जाता है। माताजी ऑपरेशन के बाद भी ऑपरेशन थिएटर से ऐसी ही क़मीज़ पहनकर आई थीं। आज तीसरे दिन भी माताजी उठकर बैठ नहीं पा रही हैं। अर्णिमा ने नर्स की मदद से माताजी को पहले एक करवट लिटाकर आधी क़मीज़ और फिर दूसरी करवट लिटाकर पूरी क़मीज़ उतार दी है। छाती के बीच लगे मोटे टाँके कुछ ज़्यादा ही उभरे हुए लग रहे हैं। क़मीज़ के आगे वाले हिस्से में जगह-जगह ख़ून के धब्बे लगे हुए हैं। हल्के गीले कपड़े से पोंछकर अर्णिमा ने माताजी को साफ़ क़मीज़ पहना दी है।

माताजी को अभी भी ग्लूकोज़ चढ़ रहा है। उनके शरीर पर सूजन बढ़ती जा रही है। उनका बदन तप रहा है। वह अर्णिमा से बार-बार कह रही हैं कि उनके शरीर में से डॉक्टरों ने सब कुछ निकाल लिया है। माताजी अब किसी के बारे में कुछ नहीं पूछतीं। उनमें बोलने की शक्ति ख़त्म हो गई है। बस अर्णिमा को एकटक निहारती रहती हैं। हाल में बदली गई साफ़ क़मीज़ गीली होने लगी है। आईसीयू में सन्नाटा पसर गया है। मीता और शर्माजी भी अब ज़्यादा नहीं बोलते, चुपचाप निढाल पड़े रहते हैं।

डॉक्टर ने सुबह चेकअप के बाद अमित को बुलाकर माताजी की तबीयत के बारे में बताया है। उनके टाँकों में से पानी आ रहा है। उनकी हालत नाज़ुक है। अमित ने डॉक्टरों से कुछ और पूछना चाहा, पर डॉक्टर

दूसरे मरीज़ के साथ बात करने में मशगूल हो गए हैं। कई प्रश्न और आशंकाएँ मन में लिए अमित माताजी के पास रखे स्टूल पर बैठ गया है। माताजी उसे देख रही हैं, पर कुछ बोल नहीं रहीं। उनकी आँखों में कोई जिज्ञासा नहीं। उनको एक बोतल ख़ून भी चढ़ रहा है। इस बोतल के बदले अमित ने अपना एक बोतल ख़ून ब्लड बैंक में जमा करवाया है। अमित समझ नहीं पा रहा कि इस सच को कैसे स्वीकार करे कि माताजी का साया अब ज़्यादा समय तक उसके सिर पर नहीं रहने वाला है।

वह रोना चाहता है, पर आँसू आँखों तक आ नहीं पा रहे। मन में उमड़-घुमड़ हो रही है। उसका सिर भारी हो चला है। अमित को लगता है कि शीशे से बने इस बंद कमरे में उसका दम घुट जाएगा। वह माताजी को इस दमघोंटू वातावरण से निकालकर ले जाना चाहता है। मगर अपने को वह एकदम असहाय महसूस कर रहा है। जीवन में पहली बार उसे एहसास हुआ है कि कई बातें इंसान के बस से बाहर होती हैं। उसे माताजी का इस तरह चुप रहना अखर रहा है। वह चाहता है माताजी कुछ बोलें, पर माताजी चुप हैं।

माताजी ने अब छत पर धीरे-धीरे घूमते पंखे पर अपनी नज़र टिका दी है। अमित को इस पंखे की स्पीड धीरे-धीरे कम होती प्रतीत हो रही है। वह यहाँ से भागने का रास्ता तलाशने लगा है। उसने घड़ी देखी, बाहर अर्णिमा उसका इंतज़ार कर रही होगी। माताजी को देखे बिना वह आईसीयू से बाहर हो गया है। बाहर डॉक्टरों और नर्सों के साथ हाय-तौबा करते मरीज़ों और उनके रिश्तेदारों के हुजूम को देखकर लगता है यहाँ पर अभी जीवन है जो जीने के लिए संघर्ष कर रहा है।

शर्माजी की तबीयत अचानक ख़राब हो गई है। उन्हें काफ़ी उल्टियाँ हुई हैं और अब वह बेहोश हो गए हैं। पत्नी ने उन्हें हिलाया-डुलाया और ज़ोर से आवाज़ लगाई, पर उन्होंने आँखें नहीं खोलीं। नर्स ने डॉक्टर को बुला लिया है। डॉक्टर ने फटाफट उनका चेकअप किया। डॉक्टर के चेहरे

पर घबराहट साफ़ दिख रही है। नर्स ने उन का तापमान और ब्लड प्रेशर चेक किया है। डॉक्टर उनकी बंद आँखों को ज़बरदस्ती खोलकर देख रहा है। मिसेज शर्मा के लिए उनके पति की यह हालत अप्रत्याशित है। वह घबराकर रोने लगी है। बार-बार डॉक्टर से पति की सलामती के लिए आश्वस्त होना चाहती है, पर डॉक्टर अभी कुछ बताने की स्थिति में नहीं है। वह उनके इस व्यवहार से झुँझला रही है। हारकर नर्स उसे खींचकर बाहर ले गई है। उसने विरोध किया, पर व्यर्थ। हमेशा हँसती-मुस्कराती मिसेज शर्मा को इस तरह रोते हुए देखकर उसके परिवार के लोग किसी संभावित आशंका से स्तब्ध हो गए हैं। सबके कान आईसीयू की ओर लग गए हैं। नर्सों की भागा-दौड़ी कुछ ज़्यादा ही बढ़ गई है।

बाद में सामान्य होने पर शर्माजी को आईसीयू से शिफ़्ट कर दिया गया है। उनके जाते ही बेड पर एक वृद्ध महिला आ गई है। जम्मू से आई इस महिला का नाम लीला देवी है। उसका गोरा रंग इस क़दर पीला पड़ चुका है कि वह पीली नज़र आ रही है। ऑपरेशन से पहले उसके काफ़ी टेस्ट इसी आईसीयू में हुए थे। टेस्ट के दौरान वह बड़े ग़ौर से अर्णिमा को माताजी के कपड़े बदलते हुए देखती थी। उसने अर्णिमा से बात करने की कोशिश भी की जिसे माताजी ने बिल्कुल पसंद नहीं किया था। मरीज़ों का तापमान लेने आई नर्स से पूछा है कि वह अपने घर वापस कब जाएगी। लेकिन नर्स मुस्कराकर टाल देती है और कह देती है कि डॉक्टर से पूछना।

लीला देवी की आशंकाएँ उसकी दोनों आँखों में तैरने लगी हैं। उसने अर्णिमा को अपने पास बुलाया है। वह उससे अपनी क़मीज़ बदलवाना चाहती है। उसके विचार से उसे इसका सही तरीक़ा पता है। किस प्रकार ग्लूकोज़ की बोतल वाली ट्यूब को निकालकर हाथ में लगी सुई में से निकालते हैं यह अर्णिमा बख़ूबी जान चुकी है। लीला देवी को देखकर अर्णिमा के मन में एक विचार कौंधा है। ये तो माताजी से पहले ही ठीक हो जाएँगी। दो दिन तक आईसीयू में रखकर मरीज़ को शिफ़्ट कर दिया जाता

है। परंतु माताजी को सात दिन हो चुके हैं। मीता को भी आज आईसीयू से शिफ़्ट किया जा चुका है। कल उसके मुँह से निकलते ख़ून को देख एकबारगी तो अर्णिमा घबरा गई थी। डॉक्टर ने उसी समय एक इंजेक्शन लगाया था, जिससे उसकी तबीयत शाम तक सुधर गई थी। पर उसके चेहरे से मुस्कराहट ग़ायब हो चुकी है।

अचानक माताजी खाँसने लगी हैं। अभी कुछ देर पहले ही अर्णिमा ने उन्हें स्टीम दिया था। डॉक्टर ने कहा है कि उनके सीने में बलगम जम गया है, उसे निकालना ज़रूरी है। अर्णिमा ने सहारा देकर बैठा दिया है। उनकी पीठ को सहलाने लगी है। माताजी अर्णिमा का सहारा नहीं लेना चाहतीं, इसलिए अपने हाथ को अर्णिमा के हाथों से आज़ाद करने की कोशिश कर रही हैं।

आज पूर्णिमा है। आसमान में जड़ा हुआ चाँद एकदम गोल है। रात के डेढ़ बज रहे हैं। कॉरिडोर में लोगों का जमघट नींद से आँख-मिचौनी खेल रहा है। अर्णिमा भी इस भीड़ का छोटा-सा हिस्सा है। फ़र्श पर बिछी एक चादर पर लेटकर आसमान में उस टुकड़े को निहार रही है, जिस पर जड़ा चाँद का गोटेदार टुकड़ा चाँदनी बिखेर रहा है! उसके पास टिमटिमाते सितारों की रोशनी भी फीकी लग रही है। अभी कुछ देर पहले ही अमित माताजी के पास गया है। शरीर थकान से चूर है। अर्णिमा कुछ घंटे सो लेना चाहती है, परंतु नींद आँखों से कोसों दूर है। वह बच्चों को याद करना चाहती है, पर माताजी का चेहरा बार-बार आँखों के सामने आ जाता है। उनकी आँखों में उभरती जीवन के प्रति निराशा उससे देखी नहीं जाती। अर्णिमा ने ज़बरदस्ती आँखें बंद करके सोने की कोशिश की भी, पर व्यर्थ साबित हुई। वह उठकर बैठ गई है।

आज मौसम में उमस कुछ ज़्यादा ही है। हवा का एक क़तरा भी नहीं है। दीवार के सहारे नीचे से ऊपर की ओर चढ़ती आ रही बेल सूखकर टूट गई है। टूटकर गिरते पीले पत्तों को रोज़ाना सफ़ाई वाले समेटकर कूड़ेदान में फेंक देते हैं। अर्णिमा ने देखा, नीचे वाली मंज़िल पर यह बेल हरी-भरी है। बल्ब की तेज़ रोशनी से बचने के लिए लोगों ने चेहरे अपने बाज़ू से ढक रखे हैं।

इसी भीड़ में रामप्रसाद भी गहरी नींद में सोया हुआ है। तेज़ रोशनी से उसका चेहरा नहा गया है। धूल से सने चेहरे पर अंकित आँसुओं के निशान साफ़ चमक रहे हैं। उसकी बहन के गुर्दे ख़राब हो चुके हैं। वह भी इसी अस्पताल में भर्ती है। कुछ दिनों पहले डॉक्टर जवाब दे चुके थे। आज शाम को अस्पताल में एक ऐसी युवती आई है जिसे डॉक्टरों ने दिमाग़ी रूप से मृत घोषित कर दिया है, परंतु उसके सारे अंग ठीक काम कर रहे हैं। उसके परिवार वालों ने अनुमति दे दी है कि उसके अंगों को ज़रूरतमंद मरीज़ों को दे दिया जाए। डॉक्टरों ने रामप्रसाद को आश्वासन दिया है कि उसका एक गुर्दा उसकी बहन में प्रत्यारोपित कर दिया जाएगा। उनके अनुसार, व्यक्ति का काम एक गुर्दे से भी चल सकता है।

अर्णिमा बेचैन हो चुकी है। उसने उठकर खिड़की से झाँककर वार्ड में देखा। कांता अपने पति के पैर दबा रही है। वह हैरान है कांता की हिम्मत देखकर। अर्णिमा ने उसे हमेशा जागते हुए ही पाया है।

आईसीयू में दाख़िल होते ही अर्णिमा ने पाया कि माताजी की निगाहें

दरवाज़े पर ही टिकी हैं। उनके बाल फैले हुए हैं। चेहरा पीला पड़ गया है। माताजी का चेहरा देखकर वह डर गई। आज वह कुछ अजीब-सी लग रही हैं। उनके पेट में लगी नली में एक बोतल से दूध पहुँचाया जा रहा है, पर दूध फटने के कारण नली जाम हो गई है। अर्णिमा ने उँगली से दबाकर नली को साफ़ किया। दूध दुबारा नली में से होकर गुज़रने लगा है। उसने गीले तौलिए से उनका मुँह पोंछा। बालों में कंघा करने के लिए उन्हें सहारा देकर उठाना चाहा, परंतु आज माताजी अपनी ओर से उठने का प्रयास नहीं कर रही हैं। उनके हाथ कुछ ज़्यादा ही सूज गए हैं। उन्होंने अर्णिमा को इशारों से बताया है कि वह अपनी टाँगों को हिला-डुला नहीं पा रही हैं। माथे को छुआ तो वह तप रहा है। अर्णिमा घबरा गई, बाहर जाकर अमित को देखा तो वह जा चुका है। आस-पास कोई डॉक्टर भी नज़र नहीं आ रहा है।

नर्स से उसने कहा– "माताजी को दवाई दे दीजिए ताकि उनका बुख़ार कम हो सके।"

नर्स ने मना कर दिया है– "बिना डॉक्टर से पूछे हम नहीं दे सकते।"

अर्णिमा जानती है कि डॉक्टर को पूछे बिना माताजी को कोई दवा नहीं देनी है, लेकिन क्या करे। नर्स ने बुख़ार उतारने के लिए हमेशा की तरह माथे पर ठंडी पट्टी रखने को बोल दिया है। एक पल के लिए अर्णिमा किंकर्तव्यविमूढ़ बैठ गई है! उसे समझ नहीं आ रहा कि वह क्या करे। बाहर से पानी लाकर उसने माताजी के माथे पर पट्टी रखनी शुरू कर दी है। माताजी की हालत देखकर उसकी आँखें भर आई हैं। एक नली नाक में है, एक हाथ में लगाई हुई है, जिससे उनके अंदर बन रहा पानी शरीर से बाहर निकाला जा सके। एक नली पेट के अंदर है, जिसके माध्यम से दूध और दही शरीर के अंदर पहुँचाया जा रहा है। ऐसा लग रहा है उनकी चेतना धीरे-धीरे लुप्त होती जा रही है।

आज सुबह से पिताजी माताजी के पास बैठे हैं। उन्हें देखकर माताजी

की बुझती आँखों में चमक उभर आई है। वह उठकर बैठना चाहती हैं, उनसे बात करना चाहती हैं, पर शरीर साथ नहीं दे रहा है। अमर देव जी मायादेवी को निहार रहे हैं। सोच रहे हैं– हर समय बोलने वाली आज चुप है, उसकी आँखें चाहने पर भी नहीं खुल रहीं। सूजा हुआ चेहरा काला पड़ चुका है। हमेशा सँवरे रहने वाले बाल बिखरे हुए हैं। शरीर में बन रहा ज़हर कई नलियों के ज़रिए बाहर निकलकर अलग-अलग छोटी-बड़ी बोतलों में एकत्रित हो रहा है।

अमर देव जी जीवन में पहली बार अपने को बेबस पा रहे हैं। 17 साल की छोटी उमर से ही अपने पैरों पर खड़े होने वाले अमर देव जी ने अपनी मेहनत के बलबूते पर जो चाहा वो हासिल किया। असंभव शब्द उनकी डिक्शनरी में नहीं है। परंतु, मायादेवी के मामले में आज तक जो भी हुआ, वह उनके बस के बाहर था और अब भी बाहर ही लग रहा है। उन्होंने कभी भी मायादेवी की बीमारी को गंभीरता से नहीं लिया और वह भी आसानी से हार मानने वाली नहीं थीं। मायादेवी जब तक मजबूर न हो जाएँ, तब तक बिस्तर पर लेटती नहीं थीं। घर का छोटे से छोटा काम अपने हाथ से करती थीं, तेज़ बुख़ार में भी घर के कामों में व्यस्त रहती थीं। यह उनकी आदत बन गई थी।

वह अमर देव जी का विशेष ध्यान रखती थीं। उनको सब कुछ समय पर तैयार मिलता। पति से कभी कोई फ़रमाइश नहीं की। घर-बाहर की ज़िम्मेदारी स्वयं ही निभाती थीं। पिछले कुछ दिनों से पति के साथ बात करना चाहती थीं, पर अपने काम में व्यस्त अमर देव जी पत्नी को झिड़क देते। उसकी प्रतिक्रिया देखने की कभी आवश्यकता नहीं समझी। आज अमर देव जी को इस बात का बहुत मलाल हो रहा है। पत्नी से इस प्रकार विछोह हो जाएगा, इसकी उन्होंने कभी कल्पना नहीं की थी। इस सच को झेल पाना बहुत भारी पड़ रहा है। नर्स को आते देखकर उठकर खड़े हो गए हैं। नर्स ने थर्मामीटर लगाया। वह काफ़ी कोशिश के बाद टेस्ट करने

के लिए ख़ून ले पाई है। माताजी का चेहरा दर्द से विकृत हो गया है।

कॉरिडोर के एक कोने में सरदार जी की पत्नी चटाई बिछाकर बैठी हुई है, खाना खाने के बाद टिफ़िन समेट रही है। उसका शरीर गठा हुआ है और रंग आकर्षक है। कश्मीरी कढ़ाई वाली पटियालवी सलवार-क़मीज़ और मैचिंग का प्योर शिफ़ॉन वाला दुपट्टा उसके व्यक्तित्व को चार चाँद लगा रहा है। एक तरफ़ उसकी लेदर की जूती और दूसरी तरफ़ पेप्सी की बोतल रखी हुई है। थोड़ी-थोड़ी देर में वह घूँट भर रही है। सरदार जी का कार एक्सीडेंट हुआ था। उनके सिर और पैर में चोट आई है। उनका एक सिनेमाहॉल है। आजकल उनके हॉल में माधुरी दीक्षित की पिक्चर लगी हुई है।

ऑपरेशन के बाद होश में आने के पश्चात वह फ़िल्मों से जुड़ी हुई बातें कर रहे हैं। उनकी गड्डमड्ड बातें सुनकर सब लोग दबी आवाज़ में हँस रहे हैं। अधेड़ उम्र के सरदार जी ऊँचे क़द और गोरे रंग के मालिक हैं। उनकी आँखों में अजीब-सी शरारत भरी चमक है। उनके मुँह में फ़िल्मों की बातें हैं। फ़िल्मी चुटकुले सुना रहे हैं। उनकी बातें सुनकर मरीज़ और उनके साथ बैठे लोग क्षण भर के लिए सारी तकलीफ़ें भूल चुके हैं। वह काफ़ी पीने के शौक़ीन हैं। परंतु अभी डॉक्टर ने उन्हें अनुमति नहीं दी है। उनकी पत्नी ने उन्हें चुप कराने की काफ़ी कोशिश की, परंतु वह नहीं माने। पत्नी झुँझलाकर वार्ड से बाहर चली जाती है और दस मिनट बाद फिर वापस आती है।

बेटे के आने के बाद वह निश्चिंत होकर बाहर बैठ गई है और बेटे द्वारा घर से लाया गया खाना खाया जा रहा है। अब उसके चेहरे पर व्याप्त तनाव कम हो चुका है। वह अपने आस-पास के घटनाक्रम में दिलचस्पी लेने लगी है। रामप्रसाद से उसकी बहन का हाल-चाल पूछ रही है, उसकी बहन का आज ही ऑपरेशन हुआ है। उसे नया गुर्दा लगा दिया गया है। उसके साथ उसकी बहन के दो छोटे बच्चे भी हैं। बच्चे माँ की बीमारी

की गंभीरता से अनभिज्ञ हैं। माँ के बीमार होने के बाद मामा ही उनका इकलौता सहारा है। पिता का चेहरा तो उन बच्चों ने देखा ही नहीं।

बच्चे मामा से टॉफ़ी की फ़रमाइश कर रहे हैं। सरदार जी की पत्नी ने पर्स से दो टॉफ़ी निकालकर बच्चों के आगे कर दीं। थोड़ी-सी ना-नुकर करने के पश्चात मामा से सांकेतिक अनुमति मिलने पर बच्चों ने टॉफ़ियाँ सरदार जी की पत्नी की फैली हुई हथेली पर से उठा ली हैं। उसकी नज़रें सरदार जी का पीछा कर रही हैं। बेटा उन्हें व्हीलचेयर पर बिठाकर कॉरिडोर में सैर करवा रहा है। सरदार जी शरारती आँखों को इधर-उधर घुमाते हुए बेटे को कुछ बता रहे हैं। बेटा ख़ामोशी से पिता की सारी बातें सुन रहा है। उसका ध्यान पिता की गोद में रखी उस थैली पर है, जिसमें चोट लगने के कारण ज़ख़्मी पेट के अंदरूनी हिस्से से लगातार रिसने वाला मवाद (पस) इकट्ठा हो रहा है।

दिन चढ़ने के साथ शोर भी बढ़ता जाता है। रात को बारह बजे के बाद ही कुछ शांति होती है। दिल्ली जैसे महानगर के लोग इस तेज़ रफ़्तार शोर-शराबे वाली ज़िंदगी के आदी हो गए हैं। अमित जब लोगों से लदी बसों को सड़क पर डोलते हुए देखता है, उसे हैरानी होती है उन लोगों की हिम्मत पर, जो एक पैर बस के पायदान और हाथ दरवाज़े के हत्थे पर टिकाए हवा में झूलते मानो जान हथेली पर लिए सफ़र पर निकले हों। वैसे अगर ये बसें न हों तो आम लोगों का जीवन पंगु हो जाए।

अमित का मन आज आईसीयू में जाने का नहीं कर रहा है। अस्पताल के प्रवेश द्वार के पास फैले बड़े लॉन में बैठा अमित देख रहा है, पीले पड़ चुके पत्ते पेड़ों से झड़ने शुरू हो गए हैं। पेड़ों का घनापन कम होता जा रहा है। पेड़ का अंदरूनी हिस्सा स्पष्ट दिखाई दे रहा है। नंगी होती शाखाओं के कारण पेड़ बदसूरत दिखाई देने लगे हैं। टहनियों पर झूलता पंछियों का झुंड भी अब सिमट रहा है। जूठी पेपर-प्लेटें और प्लास्टिक के ख़ाली गिलास लॉन में घूम रहे हैं। इधर-उधर उड़ रहे हैं। ख़ाली सामान

कितना हल्का और बेकार हो जाता है। अमित ने देखा, पीठ पर बड़े-से गंदे कट्टे लटकाए कुछ मैले-कुचैले बच्चे लॉन में फैली गंदगी में से रद्दी चुन रहे हैं। उँगलियों में जलन-सी होने लगी है। उँगलियों में दबी सिगरेट कब धुआँ हो गई, अमित को पता ही नहीं चला। रद्दी बीनने वाले सबसे बड़े बच्चे ने अमित द्वारा फेंका गया सिगरेट का अधजला छोटा-सा टुकड़ा अपनी उँगलियों में समेट लिया है।

दिन निकलने के साथ भीड़ का शोर बढ़ रहा है। सातवीं मंज़िल पर लगे लाउडस्पीकर से निकले स्वर वातावरण में तैर रहे हैं– 'सुबोध का कोई एक रिश्तेदार सातवीं मंज़िल पर पहुँचे।' यह घोषणा तीन बार हुई है। सुबोध के पिता उठने ही वाले थे, पर दीपक ने रोक दिया है। दीपक सुबोध का छोटा भाई है। वह चौबीस-पच्चीस वर्ष का लंबा छरहरा युवक है। गुलाबी रंगत लिए लंबा-पतला चेहरा। लंबे डग भरता हुआ वह ऊपर जाने वाली सीढ़ियों पर चढ़ गया। पिताजी थके-हारे क़दमों से सीढ़ियों तक आकर रुक गए हैं। बेटे की भाँति ऊँचे और लंबे-तगड़े हैं। मगर उतरा हुआ चेहरा, उदास आँखें, झुके हुए कंधे। वह सीढ़ियों के पास ही चहलक़दमी करने लगे हैं। सुबोध की माँ भी पति के पीछे-पीछे सीढ़ियों के पास आ पहुँची है। वह थुलथुल शरीर वाली है। बात करते हुए हाँफ रही है। अधिक समय तक खड़ी नहीं रह सकती, इसलिए वहीं फ़र्श पर धम्म से बैठ गई है। उसके एक हाथ में जप करने वाली तुलसी की माला है जो लगातार उसकी उँगलियों के बीच घूम रही है। सुबोध की पत्नी वीना ने सास के हाथ में पानी का गिलास थमा दिया है। भरा हुआ बदन, गोरा लाल रंग, गोल चेहरा, इस सुंदर चेहरे पर जड़ी दो बड़ी-बड़ी मासूम आँखें, सूजी हुई पलकें जो रात भर जागने की गवाही दे रही हैं।

गुड़िया उठ गई है। सुबोध की माँ ने वीना से पूछा– "गुड़िया को दूध दिया है या नहीं?"

"बोतल लाना भूल गई।" बहू का यह जवाब सुनकर उसकी आवाज़

में जोश भर आया है– "बड़ी लापरवाह है तू, अब बच्ची दूध कैसे पिएगी?"

"बोला था रोटी खाने की आदत डालें, पर मेरी सुनता कौन है?" सास का बड़बड़ाना जारी है। बहू सिर झुकाए अपराधी भाव से सब सुन रही है। पैरों के अँगूठे आपस में छेड़ख़ानी करने लगे हैं।

अचानक ही चेहरे पर झूल आए कंधे तक कटे बालों को उसने कसकर बाँध लिया है और पर्स से हनुमान चालीसा निकालकर अपनी डबडबाई आँखों को उसमें गड़ा दिया है।

रात ही यह पंजाबी परिवार लुधियाना से आया है। सुबोध का इमरजेंसी में ऑपरेशन हुआ है। केस बिगड़ा हुआ था। सुबोध के माता-पिता, भाई दीपक, पत्नी वीना की माँ और सवा साल की बिटिया भी है, जिसे सब गुड़िया के नाम से पुकार रहे हैं। गोरी-चिट्टी सलोनी-सी बच्ची है। उसने घुटनों से ऊपर तक सुंदर-सी फ्रॉक व पैरों में लेस लगी जुराबों के साथ पंजाबी जूती पहन रखी है। कढ़ाई वाली छोटी-सी काली जूती पाँव में बहुत अच्छी लग रही है। पैरों में पाजेब भी है जिसमें घुँघरू कुछ ज़्यादा ही लगे हुए हैं। डॉल की तरह सुनहरे घुँघराले बाल पीछे की ओर छोटी-सी ऊँची पोनी के रूप में बँधे हुए हैं। घुँघराले बालों की कुछ लटें माथे पर झूल रही हैं।

गुड़िया ने नींद खुलते ही रोना शुरू कर दिया है। दादी ठीक ही कह रही है कि कदाचित उसे भूख ही लगी है। घर में तो आँख खुलते ही दूध की बोतल उसके मुँह से लग जाती है। दूध के अतिरिक्त अनाज खाने की आदत नहीं डाली है अभी। हाँ बिस्कुट, टॉफ़ी, चॉकलेट, फल अन्य बच्चों की तरह उसे भी पसंद हैं। सास बुदबुदा रही है, बेटी लगातार रो रही है। वीना की माँ ने एक ग्लूकोज़ का बिस्कुट खिलाने का प्रयास किया, पर बच्ची अपने होंठ बंद कर लेती है। उसने भी बच्ची को चुप कराने की कोशिश की, पर सब व्यर्थ। हारकर उसने उसे वीना की गोद में डाल

दिया है।

चुप कराने के लिए वीना गुड़िया को गोद में लेकर चहलक़दमी करने लगी है। कंधे से लगाकर बराबर उसकी पीठ थपथपा रही है। दादा दूध और नई बोतल लेने गए हैं, परंतु सातवीं मंज़िल से नीचे उतरने और उसके आगे बाहर जाने के लिए एक लंबा रास्ता तय करना पड़ता है। इसी बीच गुड़िया ने माँ की गर्दन के चारों ओर अपनी नन्ही बाँहों का घेरा कस दिया है। उसके छोटे-छोटे पैर निर्बाध गति से माँ के पेट पर प्रहार कर रहे हैं। वीना ने इस घेरे को तोड़ने का बहुत प्रयास किया, परंतु छोटी-सी बच्ची में बला की ताक़त आ गई है। इस समय जोंक की भाँति चिपक गई है। बच्ची के इस अप्रत्याशित व्यवहार से वीना परेशान है। उसने झुँझलाकर बलपूर्वक स्वयं को गुड़िया की गिरफ़्त से मुक्त करके उसे पास रखी कुर्सी पर पटक दिया है। गुड़िया गला फाड़कर रोने लगी है, पर उसका रोना भिनभिनाते शोर में अखर नहीं रहा है।

देश का सबसे बड़ा अस्पताल। देश के प्रत्येक कोने से रोगी यहाँ पर आते हैं। यह उनकी चेष्टाओं का अंतिम पड़ाव है। अपने प्रियजनों को डॉक्टरों की दया पर छोड़कर निश्चिंत हो जाते हैं और कहते हैं– विश्वास पर दुनिया चल रही है। सुबोध एक वर्ष से पेट के किसी गंभीर रोग से ग्रस्त था, पर घर के लोग उसकी गंभीरता से पूर्णतया अनभिज्ञ थे। पिछली रात जब यह परिवार आया था तो सुबोध की माँ, पत्नी वीना का करुण रुदन अस्पताल का सन्नाटा भंग कर रहा था। वीना व भाई के चेहरे पर चिंता के बादल छाए हुए हैं। सफ़र की थकान और चिंता से गोरे चेहरे साँवले लग रहे हैं। लुधियाना के दयानंद अस्पताल में एक माह तक एडमिट रह चुका है सुबोध। हारकर डॉक्टरों ने उसे दिल्ली के इस अस्पताल में रेफ़र कर दिया।

सुबोध अभी ख़तरे से बाहर नहीं है। सातवीं मंज़िल पर वार्ड के बाहर दूर तक फैला हुआ एक लंबा-सा प्रतीक्षालय है। उसके ग्रिलनुमा प्रवेश

द्वार पर एक गार्ड खड़ा रहता है, जो एक समय में एक व्यक्ति को अंदर आने देता है। यहाँ दीवार से साथ बेंचनुमा कुर्सियाँ हैं। जिस मरीज़ का ऑपरेशन हो रहा होता है उसके रिश्तेदार और बंधु-बांधव यहाँ बैठकर प्रतीक्षा करते हैं। एक लाउडस्पीकर से जिस मरीज़ का नाम पुकारा जाता है उसके बंधु-बांधव उस ओर फ़ौरन दौड़ पड़ते हैं, परंतु प्रवेश द्वार पर खड़ा गार्ड एक व्यक्ति को ही जाने देता है, बाक़ी लोगों को लौटा देता है। उनके चेहरे निराशा से लटक जाते हैं। वे लोग बैठते नहीं, बल्कि द्वार पर खड़े होकर उत्सुकता से बाट जोहने लगते हैं। दर्द से पुते हताश चेहरों का समूह मानो भेड़ों का झुंड हो गया हो। सब चेहरे एक जैसे। किसी की कोई विशेष पहचान नहीं। अनिश्चितता एवं तनाव सबके चेहरों पर व्याप्त है। सुबोध का परिवार भी इस भीड़ का एक छोटा-सा हिस्सा बन गया है। व्यग्रता, व्याकुलता, उत्सुकता, निराशा और आशंका का शिकार।

सुबोध के पिता दूध की बोतल के साथ एक खिलौना भी लाए हैं। प्लास्टिक का एक छोटा-सा घोड़ा जिसकी पाइपनुमा पूँछ का अंतिम हिस्सा स्प्रिंग जैसा बना है। बच्ची बोतल मुँह में लगाकर खिलौने से खेल रही है। हाथ से स्प्रिंग दबाने पर घोड़ा उछलता है। मुँह में निप्पल डाले हुए ही खिलखिलाती है, दूध होंठों के कोनों से बह रहा है। दादी ने पति को इस फ़िज़ूलख़र्ची पर लताड़ा है।

"बच्ची शैतान है, सब खिलौने तोड़ देती है।"

बच्ची की माँ को भी उसकी नासमझी पर लताड़ा है– "वो दूध पी लेती तब खिलौना उसे खेलने के लिए पकड़ाती। देख तो नई फ्रॉक ख़राब कर ली उसने।"

वीना की माँ यह सब देखकर उखड़ गई है। आग्नेय नेत्रों से समधिन को घूरते हुए बेटी के कानों में धीरे से बोलती है– "रस्सी जल गई, पर बल नहीं गए।" फिर सिर झुकाकर बैठी बेटी के कंधे को झिंझोड़ते हुए बोलती है– "तूने ही सिर चढ़ा रखा है। जितना दबेगी उतना ही दबाएँगे।"

इस पर बेटी ने कोई प्रतिक्रिया व्यक्त नहीं की, सिर झुकाकर हनुमान चालीसा पढ़ती रही। माँ पुनः उसकी पीठ पर धौल जमाते हुए कह उठी है–"भगवान जाने कौन-सी मिट्टी की बनी है, इसके साथ तो सिर खपाना बेकार है!"

वह पैर पटककर चलने को हुई, पर दो क़दम जाने के पश्चात ही लौट आई है। बेटी के चेहरे को ऊपर उठाकर उसकी आँखों से आँसू पोंछ रही है। दीपक ने वापस आकर बताया है कि सुबोध कोमा में चला गया है। उसकी माँ का विलाप पुनः शुरू हो गया है। एक हाथ से छाती पीट रही है, दूसरे हाथ से पकड़ी माला तेज़ी से घुमाने लगी है। नन्ही बच्ची फिर से रोने लगी है, उसका खिलौना टूट गया है।

आज शर्माजी को अस्पताल से छुट्टी मिल गई है। व्हीलचेयर पर बैठे शर्माजी कमज़ोर दिख रहे हैं, पर उनके चेहरे पर घर जाने की ख़ुशी भी है। बच्चे उनके पीछे-पीछे चल नहीं मानो भाग रहे हैं! डॉक्टर ने कहा है कि छह महीने की थैरेपी के बाद अगर कैंसर दुबारा नहीं होता तो पूरी तरह से ठीक होने की पूरी उम्मीद है। साठ परसेंट मरीज़ों में कैंसर दुबारा होने की संभावना होती है! ईश्वर करे कि शर्माजी चालीस परसेंट लोगों में से एक हों। अर्णिमा शर्माजी के परिवार को देखकर उम्मीद कर रही है कि माताजी भी जल्दी ठीक हो घर जाने लायक़ हो जाएँगी।

सुबोध की माँ विलाप करते हुए बहू को कोसना नहीं भूलती। दीपक भीड़ पर दृष्टि डालते हुए दबे शब्दों में माँ को चुप कराने की कोशिश करता है– "माँ चुप करो, इसमें भरजाई का क्या दोष है!"

देवर को अपनी ओर से बोलते हुए देखकर वीना का रोना पल भर को थम जाता है। उसकी बुझी आँखों में कुछ इंद्रधनुषी रंग गहराते हैं और पुनः बदली छा जाती है। आँसू खुली हुई हनुमान चालीसा पर गिर रहे हैं। बच्ची लगातार रो रही है। वीना गोद में लेकर उसे चुप कराने का प्रयास कर रही है, पर बच्ची का मचलना बंद नहीं हो रहा। अनायास ही वीना का विषाद और आक्रोश इस नन्ही बच्ची पर बरस उठा। बच्ची सहमकर चुप हो गई, पर सोने से पहले माँ की गोद में दुबककर कुछ देर तक सुबकती रही।

सुबोध के पिताजी भी खड़े हो गए हैं, उनकी आँखें भर आ रही हैं। वह गुपचुप घर के सदस्यों की गतिविधियों का निरीक्षण कर रहे हैं, जो

आने वाले किसी भयंकर तूफ़ान की सूचना दे रही है। गृहस्थी की नौका में बहुत बड़ा छेद हो गया है, पानी शनैः-शनैः नौका में भरना प्रारंभ हो चुका है। एक कुशल कप्तान होने के नाते उनका कर्तव्य बनता है कि नौका पर सवारों की सुरक्षा का प्रबंध करें। विलंब होने पर नौका डूबने का भय है।

बहू पर दृष्टि पड़ी तो ठहर गई, गहरे लाल रंग का सूट, लाल चूड़ियों से भरी दोनों कलाइयाँ, माथे पर लाल बिंदी और माँग में लाल सिंदूर। सुबोध के बाद क्या होगा इसका! बहू के वैधव्य रूप की कल्पना करते ही सिहर गए हैं। अनहोनी को टालना संभव नहीं, परंतु उसके पश्चात पैदा होने वाले तूफ़ान का वेग अवश्य कम किया जा सकता है। दीपक को देखा तो अँधेरे में रोशनी की एक किरण चमक उठी। गहरा आई बदली में बिजली की एक कौंध ने पल भर के लिए सब रोशन कर दिया। और बिना समय गँवाए ही उन्होंने एक महत्त्वपूर्ण निर्णय ले लिया।

पीलिया से ग्रस्त नवयुवती ने एक प्यारी-सी बेटी को जन्म दिया है। डॉक्टरों के अनुसार, माँ-बच्चा स्वस्थ हैं। युवती का भाई ख़ुशी से फूला नहीं समा रहा है। वह वार्ड में डॉक्टरों और नर्सों को धन्यवाद के साथ-साथ मिठाई भी बाँट रहा है, जिसे औपचारिकता दिखाते हुए वे लोग स्वीकार भी कर रहे हैं। बच्ची का पिता युवक भी अपने पिता के सामने तो थोड़ी बेरुख़ी दिखा रहा है, परंतु उनकी अनुपस्थिति में बच्ची को गोद में उठाकर प्यार करने का कोई अवसर नहीं गँवा रहा। उसका मानना है कि उसकी तरह माता-पिता भी देर-सवेर बच्ची को ज़रूर प्यार देंगे। युवती का पति बार-बार डॉक्टर से माँ और बच्चे के स्वास्थ्य की जानकारी लेता रहता है। उसका हरसंभव प्रयास है कि किसी भी चीज़ की कमी न रह जाए। एक सप्ताह पश्चात अस्पताल से छुट्टी हो जाएगी।

अर्णिमा की आँखों में आँसू हैं, जो बाहर निकलकर बह जाना चाहते हैं। उसने सबके सामने अपने को टूटने नहीं दिया है। माताजी की ऐसी हालत देखकर उसका मन बेहद उदास हो गया है। आत्मा इसी तरह

शरीर को छोड़ने की तैयारी कर लेती है! कुछ भी अच्छा नहीं लग रहा है। पिताजी ने भी कुछ खाने से मना कर दिया है। कह रहे हैं कि तबीयत कुछ ठीक नहीं है। घर में भी अगर बुख़ार होता था तो सारा दिन कुछ नहीं खाते थे। अमित अब तक पार्क के एक कोने में बैठा ऊँघ रहा है। वार्ड में वापस जाना नहीं चाहता। वास्तविकता को स्वीकार करना इतना आसान नहीं होता। संध्या घिर आई है। वापस तो जाना पड़ेगा ही।

सरदार जी की पत्नी को पूरी उम्मीद है कि सरदार जी जल्दी ठीक हो जाएँगे और फिर सब पहले जैसा हो जाएगा। वह निश्चिंत है। उसे अपने घर की सुख-सुविधा बहुत याद आ रही है। बहू समझदार है, सब कुछ अच्छी तरह मैनेज कर लेती है। पढ़ी-लिखी है। थोड़ा-सा एटीट्यूड तो ज़रूर है, पर घर में बड़ों की इज़्ज़त करना आता है। हाँ घर के नौकरों पर बेबात ग़ुस्सा करना कभी-कभी खल जाता है। बार-बार रोका-टोकी करके किसी से काम लिया जा सकता है भला! वो सब भी तो इंसान हैं। ग़लती तो सबसे हो जाती है। प्यार से समझा देना चाहिए। दिन में एक बार फ़ोन करके ससुर का हाल-चाल पूछना नहीं भूलती। टिफ़िन बंद करके एक ओर रख दिया है। बेटे को बुलाया है कि वो भी खाना खा ले। बहू को पता है सास को खाने में क्या पसंद है। घर से खाना आता है। सलाद-पापड़ से लेकर मीठा तक रखना नहीं भूलती। वह थोड़ी देर तक सुस्ता लेना चाहती है। उसे आदत है दोपहर के खाने के बाद एक घंटा आराम करने की।

लोगों के बढ़ते शोर में एक बेचैनी है। हर व्यक्ति के चेहरे पर तनाव व्याप्त है। सब साथ-साथ बैठे हैं, परंतु किसी के पास एक-दूसरे के साथ बात करने के लिए कोई शब्द नहीं है।

सुबोध के पिताजी ने रुँधे गले से सबके बीच अपना निर्णय सुना दिया है। उनके इस अप्रत्याशित निर्णय की किसी को स्वप्न में भी आशा नहीं थी। और इतना शीघ्र!

आकाश पर गहरी काली बदली छाई हुई है। बिजली रह-रहकर चमक रही है। तपती धरती पर एक बूँद पानी की पड़ी और फिर रिमझिम बरसने लगी। गर्मी से झुलसते चेहरों पर प्रसन्नता छा गई है। एक लहर दौड़ गई है। सूर्य अपनी किरणों के साथ जाने कहाँ गुम हो गया है।

दीपक ने पिता की भीख माँगती आँखों की भाषा को पढ़कर सिर झुका दिया है। वीना की उड़ती-सी दृष्टि दीपक पर पड़ी, उसके चेहरे की रंगत क्षण भर को लाल हो आई है। बरसों से सुलगता ज्वालामुखी बह जाने के पश्चात जैसे शांत और निश्चल हो जाता है, ठीक वैसी ही स्थिति भीड़ के इस छोटे-से हिस्से में व्याप्त हो गई है।

वीना की माँ घर से पूरी-आलू बनाकर लाई है। प्लास्टिक जग में चाय भी भरवा लाई है। उसने ये चीज़ें सबके सामने परोस दी हैं। थोड़ी-सी ना-नुकर करने के पश्चात सबने खाना शुरू कर दिया और पेट भरकर खाया है। सबके चेहरों से विषाद मानो बारिश की बूँदों से धुल गया है।

खाने से निवृत्त होकर सुबोध की माँ ने अपने नीचे बिछी दोहरी चादर को फैलाकर सीधा बिछा लिया है। अपना पस्त शरीर उस पर डाल दिया है। सिर के नीचे बाँहों का तकिया बनाकर प्रवेश द्वार की ओर निहारने लगी है। उसकी भी पलकें झपकने लगी हैं। वीना यानी सुबोध की पत्नी ने भी हनुमान चालीसा बंद कर अपने पर्स में वापस रख ली है। अपनी बेटी के साथ लेटकर उसे कसकर अपनी छाती से लगा लिया है। अनायास ही

उसके ऊपर बेइंतहा प्यार उमड़ आया है। स्नेह चिह्न उसके माथे और गले पर अंकित होने लगा है। बच्ची रह-रहकर नींद में कुनमुना उठती है। दीपक और पिता कुर्सी पर बैठे-बैठे ऊँघने लगे हैं। वीना की माँ ने भी ज़रा-सा हटकर अपनी चादर बिछा ली है और सोने का प्रयास करने लगी है।

आसमान में छिटके अजीब रंग आँखों को चुभ रहे हैं। दिनभर धधकता सूरज सुर्ख़ गोले के रूप में सिमट गया है। कुछ लोग कहते हैं डूबते सूरज को नहीं देखना चाहिए। परंतु इस शाश्वत सत्य को कोई कैसे अनदेखा कर सकता है भला! पेड़ के पार डूबते सूरज का लाल गोला आज अपने आस-पास कुछ अजीब-से चटकीले रंग बिखेर रहा है। अमित डूबते सूरज को नहीं देखना चाहता है, पर वह अपनी नज़र भी नहीं हटा पा रहा है। अस्पताल के बाहर बहता विशालकाय हुजूम पहले की तरह शोर मचा रहा है।

बारिश थम गई है। भीड़ भी काफ़ी छँट चुकी है। इक्का-दुक्का लोग कुर्सियों पर बैठे ऊँघ रहे हैं। रात से जागे सुबोध के परिवारजनों के खर्राटे ख़ाली हो आए प्रतीक्षालय में गूँजने लगे हैं।

लाउडस्पीकर पुनः चिल्लाने लगा है– 'सुबोध का कोई एक रिश्तेदार...'

तीन बार चिल्लाकर लाउडस्पीकर चुप हो गया है। अभी भी वातावरण में खर्राटे गूँज रहे हैं।

अमर देव जी, अर्णिमा और अमित, तीनों मायादेवी के जीवन के लिए ईश्वर से प्रार्थना कर रहे हैं कि कुछ महीने, कुछ दिन, कुछ घंटे...

घर से बच्चों का फ़ोन आ रहा है। उनका कहना है कि घर में टॉफ़ियाँ ख़त्म हो गई हैं, पिताजी कब वापस आएँगे? दरअसल वही बाज़ार जाते हैं और एक साथ सारा सामान लेकर आते हैं। माताजी के लिए भी मैसेज है– 'दिल्ली जाने से पूर्व उन्होंने कहा था कि जो पैसे हमने जोड़े हैं वो बैंक में जमा करने हैं। माताजी कब वापस आएँगी? हम उनका इंतज़ार कर रहे

हैं। नहीं तो पैसे ख़र्च हो जाएँगे।'

सूर्य अस्त हो रहा है। बारिश से बचकर नन्ही गौरैया एक कोने में दुबककर बैठी है। वह बार-बार उड़ने का प्रयत्न करती है, परंतु उसके पंख भीग चुके हैं और गीले होकर भारी हो गए हैं। गौरैया बार-बार पंख फैलाकर पानी की बूँदें झाड़ती है, परंतु अभी तक सफल नहीं हो पाई है। शायद कुछ समय बाद उड़ पाए। यह असंभव नहीं है। उसकी इच्छाशक्ति प्रबल है, क्योंकि वह जल्दी अपने घोंसले में वापस लौटना चाहती है।